以史为鉴

亚洲金融危机
25周年的回顾与启示

中国发展研究基金会 著

中国发展出版社
CHINA DEVELOPMENT PRESS

图书在版编目（CIP）数据

以史为鉴：亚洲金融危机25周年的回顾与启示 / 中国发展研究基金会著．—北京：中国发展出版社，2022.12

ISBN 978-7-5177-1342-5

Ⅰ．①以… Ⅱ．①中… Ⅲ．①金融危机—研究—亚洲 Ⅳ．①F833.059

中国版本图书馆CIP数据核字（2022）第240624号

书　　　名： 以史为鉴：亚洲金融危机25周年的回顾与启示
著作责任者： 中国发展研究基金会
责 任 编 辑： 吴　佳　张　楠
出 版 发 行： 中国发展出版社
联 系 地 址： 北京经济技术开发区荣华中路22号亦城财富中心1号楼8层（100176）
标 准 书 号： ISBN 978-7-5177-1342-5
经　销　者： 各地新华书店
印　刷　者： 北京市密东印刷有限公司
开　　　本： 710mm × 1000mm　1/16
印　　　张： 10.25
字　　　数： 150千字
版　　　次： 2022年12月第1版
印　　　次： 2022年12月第1次印刷
定　　　价： 48.00元
联 系 电 话： （010）68990625 82097226
购 书 热 线： （010）68990682 68990686
网 络 订 购： http://zgfzcbs.tmall.com
网 购 电 话： （010）68990639 88333349
本 社 网 址： http://www.develpress.com
电 子 邮 件： 15210957065@163.com

序①

PREFACE

尊敬的各位嘉宾，女士们，先生们：

“云天收夏色，木叶动秋声。”在这天朗气清、金风送爽的季节，我们在北京钓鱼台，与来自中国香港、新加坡、雅加达、东京、纽约等地的专家学者，以线上线下相结合的方式在“云端”研讨。我代表中国发展研究基金会，向出席研讨会的嘉宾和朋友们表示热烈的欢迎和衷心的感谢！

当今世界正在经历百年未有之大变局，时代之变与世纪疫情相互叠加，对全球经济造成了自“二战”以来最严重的冲击。当前，各国普遍面临经济复苏乏力、通胀高企、金融市场剧烈波动的风险，如果风险不断累积强化，有演变成世界性经济危机和经济长期衰退的可能。历史的经验值得重视。25 年前，一场突如其来的金融危机，重创新兴的东亚和东南亚国家、地区，使这些国家和地区出现了严重的经济衰退。危机还蔓延至整个亚洲、俄罗斯乃至拉美地区，造成货币贬值、通货紧缩、破产浪潮等一系列问题，对世界经济和社会发展带来了严重创伤。危机爆发以后，相关国家积极采取救助措施，并主动对本国经济政策、发展模式、金融体制及产业结构进行反思和调整。国际社

① “以史为鉴：亚洲金融危机 25 周年的回顾与启示”国际研讨会开幕式欢迎辞。

会也积极参与应对，以缓和金融动荡的冲击。中国政府本着高度负责的态度，坚定承诺人民币不贬值，并主动对有关国家和地区予以多种方式的援助，为亚洲乃至世界经济金融的稳定和复苏发挥了重要作用。

“明镜所以察形，往古者所以知今。”历史不会重复，但历史往往呈现惊人的相似。导致亚洲金融危机发生的原因是什么？对全球经济有什么长期影响？不同国家和地区应对危机有哪些经验和教训？各国应该如何加强协调与合作，防范类似危机的发生？虽然这些问题过去曾经广泛讨论过，但是在当前形势下，结合亚洲金融危机以来 25 年的世界变迁，进一步深入思考这些问题，仍然具有十分重要的现实意义。我很高兴地看到，参加今天研讨会的嘉宾，许多都是亚洲金融危机的亲历者、资深研究者，很期待大家奉献一场精彩纷呈、丰富深刻的思想盛宴，为应对当下的全球挑战提供有益的借鉴和启示。

各位来宾！我们所处的既是一个面临极其严峻挑战的时代，也是一个饱含重大发展机遇的时代。尽管世界经济面临的困难和挑战不容低估，但是，同样也蕴含着许多积极因素。世界经济的前景如何，取决于各方的认识和行动。应对全球挑战，需要发展新理论、新智慧。我们期待这次研讨会，能够围绕对亚洲金融危机这一大事件的反思，进一步推动发展知识的深化和分享，为各国选择适合其国情的发展理论和发展道路提供有价值的参考。

最后，预祝本次研讨会取得圆满成功！谢谢大家！

中国发展研究基金会理事长

2022 年 8 月 19 日

目 录
CONTENTS

第一篇　亚洲金融危机 25 周年的回顾与启示

第二篇　危机中的亚洲区域合作与政策协调

第三篇　后危机时代的国际金融体系改革

第一篇

亚洲金融危机 25 周年的回顾与启示

25 年后的今天，全球金融危机的概率正在加大

戴相龙

中国人民银行原行长

在亚洲金融危机 25 周年之际，中国发展研究基金会举办的国际研讨会，我觉得很有意义。在朱镕基总理的领导下，我曾参与制定和执行国家应对亚洲金融危机的重大措施。

1997 年 7 月 2 日，泰国不得不放弃固定汇率，泰铢当天贬值 20%，随后菲律宾、印度尼西亚等国家也放弃固定汇率，货币不断大幅贬值。1998 年新年开始，东南亚国家的金融危机导致政治危机，印度尼西亚总统被迫下台。这次金融危机的核心区在东南亚，应该叫东南亚金融危机，但是，由于东南亚金融危机引发中国台湾、中国香港、日本和韩国金融市场剧烈波动，我们一般把这场金融危机称为“亚洲金融危机”。

东南亚金融危机给东南亚国家带来严重危害。由于货币贬值，东南亚国家共损失国民生产总值 3 万亿美元，股市市值腰斩过半，缩水 2 万亿美元，银行发生坏账 1 万亿美元，东盟陷入 31 年来最困难的时期。

东南亚金融危机发生的主要原因：从东南亚国家内部分析，主要是采取固定汇率制，短期外债比例过高，经济发展速度超出发展潜力。从外部原因分析，主要是国际货币体系不合理，是美元既是美国本币、又是国际主要货币带来的金融风险。1994 年美国出现通货膨胀。为应对通货膨胀，美国从 2 月开始，12 个月加息 8 次，累计加息 300 个基点。美元加息抑制了通货膨胀，带来美元升值，导致大量的美元从东

南亚回流美国，打破了东南亚国家的国际收支平衡，偿债成本大幅度增加。

东南亚出现严重的金融危机后，国际货币基金组织（IMF）对有关国家实施救助，但是执行速度很慢，错过很多时机。日本是东南亚国家的主要债主，提出设立由多国出资的“亚洲货币基金”（Asian Monetary Fund）救助东南亚国家，此建议未被亚洲有关国家采纳。

1997 年，我国对东盟、日本、韩国出口占全国出口总量近 30%；我国吸收的外资来自日本、韩国、新加坡等国家的占 80%。东南亚金融危机对我国经济发展和金融稳定也带来很大冲击。面对东南亚金融危机，我国采取了一系列措施。一是增加人民币货币供应，扩大出口，维护国际收支平衡。二是时任国家主席江泽民 1997 年公开宣布人民币不贬值。中央政府支持香港实行联系汇率制度。三是通过国际货币基金组织操作预算和双边支持，中国出资 40 亿美元救助有关国家，成为全球第三大出资国。四是吸取亚洲金融危机的教训，1997 年 11 月，中央召开全国金融工作会议，全面整顿金融秩序。1998 年，中共中央先后下发 3 号文、12 号文，扩大财政赤字，增加对基础建设的投资，1998 年经济增长保持 8%。此后，又进行汇率形成机制改革，审慎扩大资本项目可兑换步伐，增加外汇储备。由于采取了这些措施，2008 年美国发生的金融危机，对我国经济发展和金融市场冲击较小。

亚洲金融危机已过去 25 年，现在全球进入百年未有之大变局。大变局的最大特点是以中国为代表的新兴经济体逐步崛起。为维护霸权，美国推进北约东扩，直接威胁俄罗斯的国家安全，同时对中国进行全面极端打压，特别是 2022 年 8 月初美国议长佩洛西窜访我国台湾。中美在台湾海峡正在出现军事对抗趋势，全球发生金融危机的概率加大。

一是现有国际货币体系的弊端日益突出。与 25 年前相比较，美国经济总量占全球的比例逐步下降。美国政府负债占国内生产总值（GDP）比例，已从65.9%提升到128.8%以上。美国经济实力很难支撑美元原有地位。美国重大货币政策出台，都会带来全球金融市场的波动。因此，新兴经济体和发展中国家，都不断增加美元储备，承担了美元外汇储备投资风险和贬值风险。

二是美国政府金融失信风险在蔓延。美国政府无理冻结阿富汗国家外汇。乌克兰危机发生后，美国政府冻结俄罗斯国家外汇，没收俄商资产，把俄罗斯大批银行从SWIFT中清除。美国政府现任财政部部长也公开承认美国冻结俄罗斯外汇和没收俄商资产没有法律根据。美国政府采取的上述极端手段，大大伤害了国际金融界对美国政府机构的信任，破坏了国际金融运行规则，增添了新的全球金融风险。

三是美国为实施“亚印战略”，推出“印太经济框架”，扩大了亚洲地区金融风险。为了防范和化解以上风险，我们提出如下建议：

继续推进国际货币多元化。防范和化解美元既是美国本币、又是主要国际货币的风险，现在可行的办法是，建议国际货币基金组织扩大发行特别提款权（SDR），允许其中一部分可用于成员间的流动性支出。同时，推进国际货币多元化。加强中欧经贸合作，促进欧元稳定。坚持市场驱动和企业自主选择，稳慎推进人民币国际化。积极推进我国和俄罗斯等有关国家贸易的本币结算。

美元虽然是美国的本币，但也是全球最主要的货币，新兴市场国家和发展中国家有权通过二十国集团（G20）领导人峰会及其财长、央行行长会议，督促美国政府把国家负债率逐步降到70%以内，相当于25年前的水平。减少美国货币政策溢出的负面效应；尊重和维护环球银行金融电讯系统为国际贸易提供结算服务的独立自主管理权。

加快中国现代金融建设，增强我国防范和化解全球金融危机的能力。抓紧建立和完善现代中央银行制度、现代金融制度、现代金融监管制度，提高我国国际金融治理的地位和作用。中美作为全球两大经济体，长远看经济和金融很难全面脱钩。中美金融关系，应该继续寻求交流、合作、共赢。但是，也要准备好应对美国对我国挑起金融战的有力措施。

继续推动东盟与中日韩（10+3）金融合作，建立区域应对全球金融风险的制度安排。吸取亚洲金融危机的教训，2000 年 5 月，东盟十国和中日韩三国的财政部部长在泰国签订《清迈倡议》（CMI）。根据这份协议，东盟与中日韩对设立 2500 亿美元的互助性资金进行了深入交流，达成了很多共识。2022 年 5 月，美国总统拜登访日，提出建立“印太经济框架”，将增加东盟与中日韩金融合作的难度。2021 年，东盟是我国第一大贸易国，日本、韩国分别是我国第四、第五大贸易国，这是由地域、历史和市场决定的，美国很难通过“印太经济框架”来拆散东盟与中日韩的经贸合作关系。因此，我认为，为巩固和发展东盟与中日韩经贸合作关系，还应创造条件继续讨论《清迈倡议》的落实，提高东亚和东南亚各国应对全球金融危机的区域性协防能力。

重走合作共赢之路

楼继伟

全国政协常委、外事委员会主任

亚洲金融危机演变的大致情况如下：危机于 1997 年 7 月 2 日从泰国爆发，在东亚各国产生多米诺骨牌效应，延续一年有余，到次年 8 月中国香港金融保卫战达到高峰，并波及各国金融市场，世界主要国家逐步展开救助，危机在 1999 年结束。

一、亚洲金融危机的成因

首先是当时东南亚各国经济存在弱点，很难应对外部冲击。一是东南亚各国类似的经济发展模式都以出口导向为主，一段时间相当成功。发展到一定阶段后，相互竞争日趋激烈。二是为追求高速增长大量借入外债，宏观杠杆率处于高位。经济过热，特别是房地产和股票市场过热。三是金融市场脆弱，监管缺失，却过早开放国际收支资本账户，并维持固定汇率制度，汇率普遍高估。这有利于企业境外融资，同时也为国际热钱跨境炒作带来机会。

其次是国际因素。一是国际收支项目完全可兑换是当时国际组织和经济界的共识，并未顾及客观条件是否成熟，向发展中国家力推资本项下可兑换。二是主要经济体金融监管存在弱项。例如宏观对冲基金通常持有数十倍的杠杆率，蕴藏极大风险。三是经济全球化加深了各国经济金融相互影响，也加强了经济危机的相互传染性。在亚洲金融危机发展的不同阶段都得到体现，有些甚至是戏剧性的。

二、几个代表性案例

第一，泰国。这是最早受到国际热钱攻击的国家。刚才所列举的国内经济的弱点，在当时的泰国都比较典型。1997年初，国际热钱针对这些弱点开始攻击，到7月2日泰国宣布放弃固定汇率，实际是应对失败。汇率大幅度下滑，通货膨胀高企，资产价格大幅度下跌，大量的企业破产、员工失业。国际货币基金组织救助的条件是实行双紧的财政货币政策，同时继续维持资本项下开放，大力推进金融和企业部门改革。

第二，马来西亚。这是随后受到攻击的国家。1997年8月不得不放弃固定汇率制度，汇率大幅度下滑，也采取了双紧的财政货币政策。但经济迅速进入衰退。政府随后将财政货币政策转向，改为适度宽松，并加强了资本项下外汇管制，还利用适度宽松财政货币政策创造的一些工具，推进金融和企业部门改革。在没有接受国际货币基金组织援助的情况下，马来西亚以较小的代价度过了危机。

第三，中国香港。在危机发生之前，香港经济也处于过热状态，特别是资产价格过高。1997年10月国际热钱开始攻击联系汇率制度，政府采取大幅度提高利率抬高融资成本的办法应对，但又造成股市大跌，热钱通过沽空股指仍能获利。这使得更多的对冲基金看到赚钱机会，形成狼群效应，在次年（1998年）8月卷土重来。香港特区政府出人意料地增加了新的工具，直接动用外汇基金，购买股票和股指期货，一场多空大战打响。随后中央政府宣布全力支持特区政府捍卫港元，向对冲基金施压。有一个重大事件必须提及，就是1998年8月17日俄罗斯国债违约并暂停国债交易，这使得知名量化对冲基金美国长期资本管理公司（LTCM）大幅亏损濒临破产。LTCM杠杆约为50倍，如果千亿美元级融资违约，对美国经济和金融将造成重大冲击。为防止类似事件发生，美国监管当局要求金融机构收回对冲资金融资。在各种力量共同作用下，国际热钱失败离场。

第四，中国的特殊作用。当时中国经济与东亚各国周期性错位。为应对 1993 年出现的通货膨胀和建立社会主义市场经济基础框架，1994 年开始实行全面配套改革，并实行双紧的财政货币政策，在 1996 年实现了经济软着陆。外汇外贸管理制度作为改革的重要内容，一是取消双重汇率，市场汇率在一定幅度内双向浮动，二是取消各种针对出口的优惠政策，实现外贸领域自由准入。中国从而在 1996 年达到国际货币基金组织第八条款国条件，即本币经常项下可兑换。1997 年亚洲金融危机爆发，外部需求迅速转弱，人民币汇率承受巨大的贬值压力。中国政府宣布人民币不贬值，一方面是为了支持香港特区政府应对外部冲击，另一方面也是承担大国责任。通过扩张性财政政策大幅度增加基础设施投资，有效扩大内需，成功应对了亚洲金融危机冲击。在此之后，改革的重点转为国有企业和金融部门。2001 年加入世界贸易组织（WTO）后进一步扩大开放，包括金融市场开放，根据客观条件针对性地逐步放松资本项下外汇管制。

三、几点启示

第一，自身的结构性弱点是根本性的。特别是杠杆率过高、过度依赖外部债务、资产价格虚高、维持过高的本币汇率，造成国际收支失衡。这些结构性弱点如果不及时解决，早晚会爆发危机。外部针对性的攻击不过使危机爆发提前，更为惨烈。

第二，要坚持对外开放，并全面实现本币经常项下可兑换。对资本项下完全放开要做谨慎评估，一般来说成熟市场经济大国和处于金融中心地位的经济体，才会利大于弊。允许热钱快速跨境流动，对任何发展中国家都没有好处。

第三，要加强金融监管，并形成监管合力，健全自身金融市场。要认识到资本出于逐利动机，总会寻找监管漏洞。如果漏洞过大，金融机构不顾风险过度加杠杆，会加大系统性风险，最终对己对人都会造成祸害。

第四，尽管过分松弛的财政金融纪律是产生危机的重要原因，但危机发生后，还要采取适度宽松的财政货币政策，度过最艰难的时刻，并全力整顿财政金融秩序。随后，采用适度从紧的财政货币政策，使经济恢复常态，尽量争取损失最小化。

第五，改革必然导致既得利益调整，危机有利于加强改革共识。东亚各国在危机发生之后，都大力度推进改革，在企业部门、金融部门和政府职能调整各方面，改革是全方位的。10 年之后，国际金融危机对东亚各国的冲击相对较小就说明了这一点。

第六，经济全球化带来效率的提升，也扩大了风险的传播范围。亚洲金融危机从东南亚各国开始，随后传播到东北亚地区，再压低对石油、天然气的需求，进而使俄罗斯也陷入危机，国债违约，又影响到美国。这说明保持全球金融稳定是全球公共事务。

第七，亚洲金融危机发生之后，在东亚各国强烈要求下，1999 年七国集团（G7）国家财长提议成立金融稳定论坛（FSF），但这一论坛 10 年内几乎没有任何进展。直到 2008 年世界金融危机发生，在 2009 年的 G20 伦敦峰会上，论坛改为金融稳定理事会（FSB），在全球金融稳定评估、统一监管标准上发挥了建设性作用。这也是危机触发共识的绝好例子。

第八，现在更需要全球合作。2008 年金融危机发生之后，全球代表性国家在合作共赢上达成共识。2018 年起风云突变，贸易摩擦、技术脱钩，2022 年又发生乌克兰危机。世界经济政治将走向何方？会不会发生更强烈的危机？回望亚洲金融危机和世界金融危机，大量的分析和研究都表明，如果当事各方及早采取措施，危机是可以避免的，但历史没有如果。今天回望历史，不过是提醒各方接受教训，尽管再艰难，还是要重走合作共赢之路。

加强国际合作，应对潜在风险

中尾武彦

日本瑞穗研究所主席，亚洲开发银行前行长

我非常高兴能够与老朋友们一起参加此次研讨会，今天我主要说 7 点。

第一，关于亚洲金融危机发生之后的背景。中国和亚洲其他国家在克服亚洲金融危机带来的困难后继续发展，亚洲现在已经成为全球重要的生产中心和价值链中心，也是非常重要的消费和投资市场。

第二，在危机之后，许多国家都在努力完善宏观经济政策，改革金融部门和其他结构性部门。因为在亚洲有裙带资本主义，所以亚洲金融危机一度被视为亚洲特有的。美国和欧洲国家觉得它们没有这些问题，与亚洲国家不同，它们的银行监管比较成熟。但是，事实上在 2008 年发生了国际金融危机，欧洲主权债务危机在 2010—2012 年到达顶峰。因此，在亚洲金融危机之后，经济过热、资本回流等问题也造成了其他的危机。这是危机之后 25 年的一些回顾和启示。

危机产生的原因是多重的，但是说到亚洲金融危机，国际货币基金组织提供了一些建议，国际社会也提供救助。亚洲国家被要求开放资本市场和资本交易，这也是危机产生的众多原因之一。有很多国家开放了短期的资本流入通道，虽然也有外国直接投资，但是外国直接投资主要影响的是产业，因此它们也开放了金融投资，银行又给这些项目贷款，造成大量资本涌入这些国家和地区，如泰国、印度尼西亚、韩国、马来西亚等。

还有一个原因，就是盯住汇率制。很多国家的货币都或多或少稳定地盯住美元，就导致事实上的盯住美元的汇率制度。这带来了非常严重的汇率风险，因为投资者觉得在外汇方面没有风险，所以有大量的资本涌入。还有这些国家的借贷错配，它们是借入美元，然后又用本币来借给国内的投资者，所以货币是错配的。而且可以借短债、贷长债，所以投资经常进入一些回报不佳的行业，包括房地产行业。进而出现了经济过热，又有大量的资本流入。因此经常账户的赤字越来越高，而这本身又是由外债来支撑的。

第三，1997 年 7 月 2 日泰国不得不放弃与美元挂钩的做法，放弃盯住的制度，采取了自由浮动的制度。然后，我们就会看到一种溢出效应，一直蔓延到印度尼西亚、韩国，以及其他的亚洲国家。因为外国投资开始考虑这些国家的情况是不是具有可持续性，所以突然间这些国家的资本大量外流，以致政府也没有办法再维持与美元挂钩的做法，必须采取自由浮动的制度。

这些国家当然也会有借款错配的问题，而且我们也看到这些国家的一些银行遇到了很多问题，银行部门中有许多人观测到了危机的存在，因为这或多或少是一个整体性的金融危机。所以做生意的困难就越来越大，而且还会面对货币贬值，以及更高汇率等问题。这些国家的公司也会遇到很大的问题，当时它们可能很难从银行贷到钱，做生意越来越难了。我们可以看到，这样的过程就是整个货币危机变成银行危机，然后又影响到所有的银行、企业、投资者等。

因此，这些亚洲国家开始向国际货币基金组织求助，实际上当时国际货币基金组织、世界银行，还有亚洲开发银行（ADB）都向它们提供了一些支持。日本在 1997 年 8 月初，也召开了支持泰国会议，而且设法让合作伙伴对泰国进行救助。

我认为，这样的过程是多数国家和地区协调一致的结果。当然也包括中国香港和中国内地。这些国家和地区在危机当中采取了很多措施，包括更加健全的政策，加强银行部门的监管，当然还包括国家内部的公司企业治理改革等。

第四，有一些人可能对于国际货币基金组织的危机管理、危机应对有一些批评。因为国际货币基金组织向这些国家借贷进行救助是有原因的，也是有前提的。这个条件就是要进行双紧的政策，但是双紧政策也要求非常多的改革，而这些改革不一定都与危机相关，可能会使得经济进一步混乱。所以，其中有一个非常重要的问题，就是即使没有存款保险的支持，国际货币基金组织也想对印度尼西亚的很多银行进行一些改革。这就会导致银行的挤兑，加剧银行的危机。而且，我认为直接对银行进行清算也不是非常好的办法。在危机之前，韩国的财政状况良好，但是国际货币基金组织仍然要求韩国收紧财政支出，而日本经济在危机前就出现了萎缩，日本和韩国真的需要这些改革措施吗？ 20 世纪 80 年代拉美国家的危机产生原因是非常宽松的财政政策和货币政策，因此有必要收紧财政政策，但是韩国当时并不是这样的情况。

但是，我们也看到国际货币基金组织在之后吸取了这方面的教训。危机过后，我们看到了新的思维框架和模式。一个是资本交易应当基于一定的顺序，而且是非常合适的、恰当的顺序。当然也要基于某些问题来进行改革，比如设立更加强大的金融部门，汇率应当更加自由，而不是与某些价值挂钩。我们还需要一定的早期预警系统，来更好地披露国家数据和信息，政策也可以在适当的时候通过其他方的帮助变得更好。货币政策除了通胀的目标，还应当看到资产价格和国家的资本流动，因而要加强金融部门，健全金融法规。

第五，反映亚洲金融危机的全球治理框架也出现了一些变化。为什么当时包括中国在内的新兴国家、新兴经济体应当被纳入全球治理呢？ G20 作为 G7 之外的财政部部长和央行行长会议设立是非常必要的，因为在 G7 之外还包括了重要的新兴经济体，比如中国、韩国、澳大利亚、印度、土耳其等。我认为这是一个非常重要的变化，金融稳定论坛的设立除了财政部部长和央行行长之外，还包括了与金融部门相关的人士。其实危机通常都来自金融法规和金融监管的失败，而我们又认为金融部门的法规、国际标准，还有巴塞尔银行监管委员会都需要有一些变化或改革，所以很多人都做出了非常认真的、有用的努力来加强监管。

第六，希望可以加强区域合作。在发生危机的时候，人们希望可以分享和交流成果，这样就有了《清迈倡议》等。我们实际上已经做了非常多的努力来加强国际金融体系建设，而新兴经济体今天也发挥了越来越重要的作用。但是我认为我们仍然不能过于乐观，不能认为可以避免未来所有的危机。因为资金的流动实际上是非常多的，当今世界仍有很多问题，所以我们不能对未来的或者潜在的危机过于乐观。我们应当随时为潜在的可能发生的危机做好准备，努力减轻未来危机的影响。

现在世界的风险因素也在不断增多，比如乌克兰危机，这种危机会带来商品价格的上涨；还有中国和西方国家的关系，比如中国和美国之间的竞争，也可能会有脱钩的风险，虽然我不认为完全脱钩会发生，但是我们仍然需要注意到这样一种影响。要有正常化的财政政策和货币政策面对通货膨胀的挑战。

第七，由于美国共和党和民主党之间的党派分歧，因此美国要及时颁布非常重要的法律是很困难的。而在中国也有一个非常大的投资危机，就是房地产，还有基础设施之前也出现了一些比较大的风险。很多部门都有巨大的债务，包括地方政府、私营部门，因此，存在还款问题和债务过剩的问题。包括日本在内的许多国家都有非常大的债务问题，政府和私营部门都面临着很大的赤字，我认为日本政府债务与 GDP 的比例已经过大了。另外，对影子银行缺少监管或者说监管不力也会产生问题，这都会给未来带来潜在的风险。此外，各国还会有一些其他的问题，如德国政府的债券问题，意大利还有其周边的一些国家现在问题都在不断扩大，这都是我们面临的一些挑战。

我认为国际社会应当共同为这些事情或者说潜在的风险做好准备，要努力避免危机的发生。

汲取亚洲金融危机的经验教训，强化 10+3 财金合作机制

朱光耀

财政部原副部长

1997 年 7 月 2 日爆发的亚洲金融危机是对东亚国家财富的一次疯狂掠夺。1998 年，东盟十国及中日韩经济急剧萎缩，总体增长率为零，实际消费水平下降 3%，实际投资下降 17%。泰国、菲律宾、印度尼西亚、韩国等金融危机重灾区均遭受重大损失，中国香港特别行政区也经历了一场捍卫国际金融中心地位的重大斗争。中国内地尽管受到出口下降等影响，但是中央政府采取积极负责的态度，坚持人民币不贬值，经济努力实现 8% 的增长，最终增长 7.8%。亚洲金融危机的根源在于区域内一些国家自身宏观经济的不平衡和金融市场的脆弱性。尽管这是世界上大的金融危机的共同特点，但亚洲金融危机的区别在于贷款的突然中断和资金流向的快速改变，极度放大了业已存在的不平衡和脆弱性。国际投机资金的贪婪和无所不用其极的投机手段更是加速了金融危机的爆发，加剧了金融危机的危害程度。

从当时东亚经济的弱点看，包括 3 方面：一是结构性的弱点。贸易条件恶化的冲击，公司贷款的过度累积和期限及币种的双错配。二是宏观经济的弱点。过度举借短期外债，固定汇率制度、金融机构发育不健全，监管缺失。三是资本账户的自由化。资本缺乏监管的自由流动和短期资金的急剧外流。

从国际炒家的投机手段看，在泰国，国际炒家冲击泰铢时采取直

接打压现货的手段，具体是先在资金市场上借钱，后在现货市场抛售，带动其他投资者跟风，迫使中央银行动用外汇储备买入本币，抬高利率以增加投机资金融资的成本，但这无疑将对股市造成负面影响。中央银行顾此失彼，货币大幅贬值，投机者所借本币已非常便宜。国际炒家在菲律宾、印度尼西亚等国家采取同样手段获取暴利。在中国香港方面，由于香港的联系汇率制以美元负债为基础，具备内在稳定和调节机制，同时约有 20% 港元在内地市场流通，所以投机基金筹集大量港元极为不易。国际炒家在泰国等国家得手后，1997 年 10 月下旬投机基金开始冲击港元，使用了各类复杂投机手段，在货币市场、外汇市场、股票市场、衍生工具市场连环出击，他们料定香港金融管理局必定提高利率，应对港币的市场抛售，而即期利率升高必然导致远期汇价趋软，因此投机基金先与当地银行签订远期合同卖出远期港元，买入美元。当地银行为避险保值要在现货市场上卖出港元，买入美元，金管局看到港币被抛售，随即提高利率，造成港币远期汇率下降，投机基金趁机购回远期港元并从中渔利。金管局成功顶住这次进攻，港元在期货市场并未贬值。但投机基金同时在香港股市上做文章，其手段是投机基金先向港股的托管机构借入股票—到市场抛售—将得到的港币在现货市场上抛出—香港金管局抬高利率、维护港币—提高利率对股市造成负面影响，股价下跌—套利资金低价购股，将其归还股票托管机构，赚取巨额利润。香港股市巨额抛售，导致全球金融市场的激烈波动。1997 年 10 月 27 日纽交所因道琼斯指数下跌过猛曾两次中断交易。到 1998 年 8 月上旬，恒生指数下跌至 6544 点，港元资产大幅贬值，8 月 14 日—8 月 28 日，香港特区政府动用了外汇储备的 13%，即 125 亿美元在现货市场买入港股，在期货市场上买入 8 月恒生期指合同，卖出 9 月恒生期指合同，28 日是当月最后一个交易日，必须交割。当日恒生指数收高至7829点，卖空恒生指数的投机者如平仓则将遭受巨额损失，不得不将8月期指合同改为9月期指合同。但此时两者差额高达600点，差价为3万港币，使得从8月转至9月合同的成本非常高。加之8月最后一周俄罗斯国内债券违约，使索罗斯损失20亿美元，国际投机基金不得不承认无力再对香港市场进行攻击，香港特区政府宣布在中央政府强有力的支持下，香港金融保卫战取得了胜利，这也标志着亚洲金融危机步入尾声。

亚洲金融危机对经济的严重冲击，加之国际货币基金组织对援助贷款的苛刻条件，使得东亚国家深刻感受到构建区域金融安全网的重要性，东盟国家的诉求尤其迫切。中日韩财金官员也开始改变很少交往的状况。1998年12月，在第二次东盟与中日韩（10+3）领导人会议上，中国建议建立10+3财政副手会议机制。东盟与中日韩财金官员开始就应对金融危机事宜进行密切交流。1999年秋天，中日韩三国财政部国际司司长在北京钓鱼台大酒店举行了首次三方面对面会议，讨论如何吸取亚洲金融危机的教训，建立区域财金合作机制，考虑到当时的社会氛围，会议是在秘密情况下进行的。会议桌是呈三角形摆放的，充分体现了三方的平等关系，会议就区域财金合作开诚布公地进行了讨论，会后中日韩财金官员间、中日韩与东盟各国财金官员间为建立10+3区域财金合作机制展开了紧锣密鼓的磋商工作，其关键成果是2000年5月4日的东盟与中日韩财长会议签署了旨在建立区域性货币互换网络的《清迈倡议》。其内容包括监测资本流动、监测区域经济、建立双边货币互换网络和人员培训4个方面。2007年，东盟与中日韩财长决定以自我管理的区域外汇储备库作为清迈倡议多边化（CMIM）的具体内容；2008年，决定将区域外汇储备库的起始规模设定为800亿美元，2009年扩大至1200亿美元，2012年扩大至2400亿美元。中日韩三国与东盟国家出资比例分别为 80% 和 20%。其中，中日出资比例均为 32%，出资额为 768 亿美元，韩国出资比例为 16%，出资金额为 384 亿美元，东盟十国出资比例为 20%，出资额为 480 亿美元。政策工具包括两方面：一是用于成员国出现经济危机时，进行紧急救援；二是作为危机预防贷款工具。2021 年，东盟与中日韩财长和央行行长决定增加本币出资条款，并将与国际货币基金组织贷款政策脱钩的比例提升至 40%。为支持清迈倡议多边化进程和加强区域经济监测，东盟与中日韩建立东盟与中日韩宏观经济研究办公室（AMRO），2011 年以有限公司形式设立，2016 年升级为国际组织。

亚洲金融危机爆发 25 周年之际，我们回顾战胜危机的历程，是为了以史为鉴，做好可能发生的新的金融危机的防范工作。《清迈倡议》的签署，是东盟与中日韩加强区域财金合作的里程碑式成果。面对未来可能的挑战，我们更应进一步提高区域财金合作的水平和效率，特别是提高清迈倡议多边化的可用性。

具体建议如下：

第一，尽快明确贷款使用的成本标准。建议以综合测算的国际货币基金组织和世界银行集团下国际复兴开发银行的功能类似贷款利率水平为参照，以不高于此标准确定清迈倡议多边化的贷款成本。考虑到东盟一些国家的迫切需要，对此问题应在 2022 年 11 月中旬举行的东盟与中日韩领导人会议前做好相关的政策储备。

第二，务实推进清迈倡议多边化的实体化进程。一方面，参照世界银行、国际货币基金组织等国际金融机构的做法，将清迈倡议多边化确认的 2400 亿美元资金分为待缴资本和实缴资本。本着循序渐进的方式，实缴资本可定为 10%，也就是 240 亿美元。鉴于《清迈倡议》已增加了使用本币的条款，因此实缴资本中可包括本币在内，例如

10% 的实缴资本中，8% 为美元，2% 为本币。此外 90% 为待缴资本，为 2160 亿美元。另一方面，清迈倡议多边化的实体化进程也可分步进行。第一步，参照建立东盟与中日韩宏观经济研究办公室的办法，先以有限公司的形式建立，这在程序上需要东盟与中日韩各国政府批准。第二步，将其提升为国际组织，东盟与中日韩宏观经济研究办公室转化为其秘书处，全面提升东亚区域财金合作的水平和体量，这需要东盟与中日韩各国立法机构的批准。

亚洲须继续携手加强经济合作

尤素夫 · 瓦南迪

印度尼西亚战略与国际问题研究中心高级研究员、联合创始人

东亚已经从 1997 年的金融危机中强势复苏。东亚的良好增长表现受欧洲和北美发达经济体的刺激性增长政策的影响，但更重要的是各国政府在金融危机后强化的贸易往来。在过去的 25 年里，东盟在世界商品和服务出口中的份额在 2019 年上升到 6.4%，同一时期，中国的份额从 1997 年的 2.7% 增长到 2021 年的 12.7%。

东亚的金融状况同样令人印象深刻。东盟的外汇储备总额从 1997 年的 1487 亿美元上升到 2008 年的 5010 亿美元和 2021 年的 1.2 万亿美元。新加坡位居第一，越南拥有 1090 亿美元的储备。中国、日本和韩国（CJK）长期以来一直被称为高储备经济体。它们的总储备从 1997 年的 3940 亿美元上升到 2008 年的 3.2 万亿美元和 2021 年的 5.3 万亿美元。过去的 25 年也是东亚的强劲收益期。东盟的净国际投资头寸从 1997 年的 –740 亿美元转为 2008 年的 2870 亿美元和 2021 年的 1 万亿美元，其中大部分是新加坡的。韩国的净头寸从 1997 年的负值转为 2021 年的 6600 亿美元。

中国在其新经济政策的影响下已使得超过 5 亿人脱贫，东盟国家也取得了令人瞩目的成就。然而，不平等问题对东盟和中国以及整个世界都有着相似的影响。就 2020 年人类发展指数（HDI）而言，中国排名世界第 85 位，印度尼西亚和菲律宾排名并列第 107 位，越南排名第 117 位。就收入分配而言，东亚、南亚和东南亚远远落后于西欧。

尽管我们取得了显著的进展，但我们面前还有艰巨的任务。我们的人均收入仍然远远落后于西欧和北美。即使在东亚，2021年的平均收入也只有世界平均水平的117%，而欧洲是215%，北美是315%。在平均财富方面，东亚的滞后程度甚至更深。我们能否缩小与西欧和北美在掌握科学和技术能力方面的差距，以及能否在国内不同社会阶层之间更好地分享这种能力，对我们的未来至关重要。

在新冠肺炎疫情尚未结束以及灾害发生频率上升的情况下，抗灾能力和危机准备在国际议程中，特别是区域议程中占据了突出地位。应该考虑建立一个东亚灾害管理基金，它的内容首先可以包括一个区域性的灾害风险概况。其次，应包括应对潜在灾害的区域性措施说明清单，以便在需要时迅速启动这些措施。保护区域供应链是其中一项措施。最后，政府应该为该基金提供足够的财政资源，可以就责任分担的方式和启动的条件达成一致。东亚还需要一个“协调一致的复苏政策”。通货膨胀压力相对小、政府资源状况较好的国家，应该在刺激总需求方面做得更多。东盟和中国在达到先进的发展阶段之前还有很长的路要走，合作对于创造和保持增长必不可少。

要始终如一地执行以“市场共享”为重点的众多战略伙伴关系协议，如中国—东盟协议、区域全面经济伙伴关系协定和全面与进步跨太平洋伙伴关系协定等，可以开辟新增长机会。我们已经花了多年时间来谈判，更应该关心这些协议的持续实施。

我们需要超越现有的协议，以最大限度地提高我们在新兴的技术世界中成功胜出的可能性。仅仅开放并不足以形成持久的国际竞争力。一个国家向世界提供多样化的产品和服务，需要政府的“少量或温和的推动”。在很大程度上，东亚的成功故事是一个顺应市场的产业政策。

得益于与东亚快速增长经济体的贸易往来，以及澳大利亚和新西兰、西欧以及北美等国家的优惠准入政策，东盟国家发展得不错。但现在，这些特权已经不复存在。全球竞争已被重新定义，数字化和贸易铁幕的消失推动形成了一个由全球化企业领头的真正全球化的市场。

现在，东盟必须要觉醒，重新思考经济合作。我们需要共同合作，与东亚的战略伙伴进行合作，特别是中国。总结、纪念我们挺过亚洲金融危机和国际金融危机、从新冠肺炎疫情中快速恢复的最好办法就是为新一轮区域合作创造平台，重申对开放区域主义的承诺。全新的机制设计应该为全球治理的“第二佳方案”做出贡献。尤其是当世界贸易组织面临一些限制时，除了推进现有协定的实施以外，有一个全新的合作平台对于东亚开放是非常重要的。

除了推进现有协议的实施，东亚地区还有一个广阔的新领域可供合作，那就是科技合作。在东亚，技术能力决定了各国政府及其人民从合作与一体化中受益的能力。这个新平台应该帮助本地区政府、大学和企业研发中心提高科技能力，使本地区能够创造而不只是复制。该平台还应该包括社会层面的合作，如食品安全制度、东亚灾害管理基金、知识产权协调保护制度、全东亚的教育计划（有点类似于欧盟的伊拉斯谟世界计划，可使该地区的机构能够提供关于人类进步的科学和创新，并确保东亚公民具备所需的文化和软技能），以及协调的竞争政策，尽量减少全球公司滥用市场能力的现象。只要各国领导人对深入合作有紧迫感，这份清单就很容易扩展。

东盟面临的挑战是提出与其东亚开放区域主义中的核心地位相称的政策理念。中国在一代人多一点的时间内成功地将世界上近 1/5 的人口提升到中高收入群体，其同样面临着挑战，中国需要在“一带一路”倡议和亚洲基础设施投资银行等重大倡议的基础上，提出重塑东亚开放区域主义的新理念。

当危机到来时，判定危机的性质至关重要

朱民

中国国际经济交流中心副理事长

亚洲金融危机影响深刻。在亚洲金融危机中，我发现，经济金融危机由 6 种不同根源的危机形成。

一、6 种危机

第一，经济危机，即实体经济危机。这是由供给侧造成的，主要是由通货膨胀的急剧上升和大宗商品的价格上升等引起的。其实亚洲金融危机在 1996 年是经济的危机，有结构性弱点，后来由于金融全盘崩溃，演变成为金融危机。全球 1973 年、1979 年都是实体经济危机。

第二，金融危机。高外债、资金结构和期限错配的情况下，当流动性发生逆转的时候资金链断裂，会形成金融危机。亚洲金融危机和 2008 年的国际金融危机都是这种情况。1996 年，全球经济贸易增长速度下降，亚洲部分国家依靠贸易维持外债债务，在贸易增长大幅下降，外汇收入大幅减少时，债务压力骤然上升。加上美元和日元的变化，日元是结构性地从升值走向贬值，美元则是升值，都使得外部资金大规模撤离，资金链突然断裂，导致金融危机。

第三，政策危机。从亚洲金融危机中，我认识到两种政策危机。第一种是危机前的宏观政策失误，第二种是危机发生时的应对政策失误。以泰国为例，危机前开放资本市场过快，外资大量流入形成泡沫，经济增长基础脆弱，宏观经济结构性失衡。危机开始时保汇率的政策

也是错误的，因为离岸市场是开放的，根本保不住，中途更换央行行长和政策，导致 1997 年 7 月 2 日汇率崩盘，380 亿美元的外汇储备全部消耗。因此，政策错误也会导致危机。

第四，外部攻击导致的金融危机。泰国金融就是被外部的恶意攻击冲垮的。中国香港金融保住了，非常不容易。1998 年 8 月 27 日香港股市的交易量是 36 亿港币。在决战那一天，也就是 8 月 28 日，是 798 亿港币。一天的交易量翻了 20 倍，可见国际资本冲击的能量有多大。我们在香港看到的是现货市场和期货市场，是股票市场和货币市场，是在香港和纽约，3 个维度 6 个市场里有计划的攻击，这是现代金融市场一个很大的新事物。外部攻击导致金融危机，这是我在亚洲金融危机里首次学到的重要内容。

第五，外部的资金变动引起的危机。这个大部分是因为美联储的利率变化引起美元流动性突然逆向变动引发的外部冲击危机，20 世纪 80 年代拉美主权债务危机是典型的因美联储政策导致美元逆向流动变化而导致的危机。2013 年美联储缩减购债规模的措施引起全球波动，也是一个很直接的证明。现在，因为全球经济金融一体化加强，金融市场和经济增长的关联性大大加强，美联储利率政策的溢出效应对全球资金流动可能形成的风险是巨大的。我在国际货币基金组织工作时对外部的关联性、联动性、溢出效应进行了很多研究，发现很多国家成为无辜受害者就是因为外部资金变动。

第六，我从亚洲金融危机中看到，所有的危机一旦发生，就是全球危机。危机在泰国发生的时候，最早还称之为东南亚危机，但危机迅速发展到韩国、马来西亚、印度尼西亚、日本等，成为亚洲金融危机。更没有想到的是，香港金融保卫战打赢没几天，俄罗斯发生债务危机，一周后美国长期资本管理公司发生危机。区域危机迅速变成了全球金融危机，美国的货币政策也立刻发生变化。2008 年国际金融危机更是一个由美国房贷危机引起的全球危机。所以，任何危机只要发生就是全球危机。

二、对今天的借鉴

第一，当危机来临的时候，首先要知道它是什么危机，判定危机的性质特别重要。很多因素会同时发生，亚洲金融危机其实有实体的、金融的、外部冲击的、恶意攻击的根源。但是要区分两个重要的问题。第一，是国内和国际两个维度，冲击源在哪里。第二，找到实体经济和金融危机的关联点在哪里。把握住这两点对危机管理特别重要，明白危机的根源在哪里，才能避免政策性危机。

第二，以史为鉴。从全球经济金融市场看，现在乌云密布，这 6 种风险都在积累、都在高位。实体经济方面，通货膨胀和大宗商品价格在高位，所以当前实体经济受到的冲击很大，美国已经两个季度出现技术性衰退。金融方面，全球股市和政府债务都是百年来的高位。高债务、高股市、高泡沫的情况下，金融体系的脆弱性是很高的，政策危机的风险也在加大。美联储的货币政策先是落后于实际，误判通货膨胀是“暂时性的”，坐失时机窗口。等通货膨胀急剧上升，又采取剧烈的加息行动，期望能遏制高通货膨胀，现在就在继续剧烈加息和稳住甚至放缓之间徘徊。美联储的徘徊产生巨大的不确定性，会引起全球，包括美国自身的政策性危机风险上升。美联储利率变化引起外部资金的波动也会引发外部资金冲击的金融危机。在当前情况下，也不能排除外部金融攻击的可能性。全球资本的力量比 25 年前大了无数倍，而金融系统除了银行业在 2008 年国际金融危机后得到加强外，整体脆弱性是上升的，不排除恶意攻击的可能性。今天，如果发生危机，一定是全球性的。

第三，加强协调。为了避免全球性的危机，各国之间要进行协调，特别是中美的货币政策协调，以及亚洲区域之间的协调。把自己的家门口管好，在今天这个时点上有很重要的意义。

亚洲金融危机留给今天的启示

王一鸣

中国国际经济交流中心副理事长，国务院发展研究中心原副主任

1997 年 7 月初爆发的亚洲金融危机，距今已经 25 年。在全球经济滞胀和衰退风险上升、一些国家和地区面临债务和金融危机冲击的今天，回顾和反思这场危机的背景和成因，总结应对危机的经验教训和留给我们的启示，不但有纪念意义，更重要的是能够以史为鉴，警示未来。

一、亚洲金融危机发生的背景、原因及其影响

开始于 1997 年 7 月初的亚洲金融危机，从泰国发端，迅速蔓延到菲律宾、印度尼西亚、马来西亚、新加坡，此后韩国、日本、中国香港都受到冲击和影响。

20 世纪 80 年代中期至 90 年代中期的 10 年，上述经济体都通过发展出口导向型经济实现了高速增长，出现前所未有的经济繁荣，年均经济增长率都保持在 7% ~ 10%。其中，泰国年均增速 9.2%，韩国、马来西亚略高于 9%，被国际舆论称为“亚洲奇迹”。但在经济繁荣的同时，这些经济体积累的各种矛盾和风险也暴露出来。

一是外部资金大量涌入造成资产泡沫。东南亚国家普遍采取高投入推动高增长的发展模式，在国内资金成本不断升高的情况下，大规模引入低成本国外资金，有的国家外债规模占 GDP 比重高达 50% 左右，加上金融监管不力，大量资金流入房地产市场和股票市场，不仅普遍出现资产泡沫，还造成资金期限错配。一旦出现资金外逃和流动

性收缩，高外债和期限错配，就会引发金融危机。

二是固定汇率制度加剧汇率风险。东南亚国家都是出口导向型经济体，出口依存度过高。危机前 10 年，这些经济体出口年均增速都保持在 10% ~ 20%。为稳定出口，减少企业汇率风险，东南亚国家普遍采取盯住美元的固定汇率制度，汇率普遍高估。在遭遇国际资本冲击后，外汇储备急剧枯竭，最终不得不放弃固定汇率，本币在短期内大幅贬值，成为金融危机的导火索。

三是过早开放资本账户增大金融体系脆弱性。受经济、金融全球化和新自由主义的影响，危机前 10 年，这些经济体纷纷启动金融自由化进程，同时为弥补财政赤字和经常账户逆差形成的资金缺口，在金融监管体系尚不健全的情况下，过早开放资本项目，并大量使用短期资本项目融资，为金融危机埋下了隐患。

除了上述因素外，外部冲击也是引发危机的重要因素。美元作为国际货币在进入加息周期后形成的外溢效应，导致大量资金从东南亚回流美国，对危机爆发起到推波助澜的作用。国际游资趁机进行投机炒作，迫使这些国家货币大幅贬值并从中渔利，加速了危机爆发。危机发生后，国际货币基金组织在向部分国家提供救助时，要求采取紧缩政策，导致经济收缩，产能过剩，资本回报率下跌，进一步推动国际资本外逃。

亚洲金融危机后，东亚经济体都遭遇了严重冲击。韩国受冲击相对较小，1998 年经济增速为 -5.4%，比 1997 年下降 11 个百分点。印度尼西亚受冲击最大，1998 年经济增速为 -13.1%，比 1997 年下降 18 个百分点，而且还发生了政治动荡。马来西亚受危机影响时间最长，连续两年负增长，直到 2003 年后经济增速才回到危机前水平。据《华尔街日报》报道，危机使这一地区 1 万亿美元贷款变为呆账，2 万亿美元股票化为乌有，3 万亿美元的国内生产总值遭受损失。

亚洲金融危机促使人们进行反思，质疑“亚洲奇迹”的美国经济学家保罗·克鲁格曼成为关注焦点。他早在 1994 年发表的《亚洲奇迹的神话》一文中就指出，仅靠增加投入而不进行技术创新和提高效率的做法是不可持续的。可见，东亚经济体普遍存在高投入高负债的增长模式，重视增长速度而忽视增长质量，这种要素投入驱动型增长模式是引发危机的深层原因。

二、亚洲金融危机对中国的冲击和中国的应对举措

亚洲金融危机是中国改革开放后第一次直接面对国际金融危机的冲击。危机对中国的出口和制造业造成冲击，并造成投资下降和失业增加，经济增速放缓。1998 年中国经济增速降至 7.8%，1999 年下降到 7.7%，直到 2003 年经济增速才回升到 10% 以上。由于企业盈利下降，资产负债表恶化，银行放贷更加谨慎，企业投资增速明显下降，同时失业增加，农民工返乡，社会消费疲软，出现了较为严重的通货紧缩。为应对亚洲金融危机，中国采取了一系列危机应对举措。

一是采取积极的财政政策，增加基础设施投资、刺激消费、扩大内需。1998 年中央政府向国有商业银行发行 1000 亿元长期建设国债，主要用于农林水利、交通通信、城市基础设施、城乡电网改造和建设、国家直属储备粮库、经济适用房等投资。1998—2004 年，累计发行长期建设国债 9100 亿元，推动中国基础设施建设迈上大台阶，为下一阶段高速增长奠定了基础。

二是实施稳健的货币政策，促进经济恢复。连续下调各项基准利率，大幅降低存款准备金率，1998 年 3 月将维持 10 年的法定存款准备金率由 13% 一次性下调 5 个百分点至 8%，1999 年再次下调 2 个百分点至 6%。

三是推进一系列改革开放举措。推进国有企业改革，加快对石油、通信、电力等进行战略重组，推进公司制改制，建立现代企业制度。推动地方中小国有企业转制，并给予减税和信贷支持。到 2020 年年底，大多数国有亏损企业摆脱困境，民营中小企业快速成长。推进金融体制改革，对国有商业银行进行财务重组，将 1.4 万亿元银行不良资产剥离成立 4 家资产管理公司，并向国有商业银行注入资本金；取消贷款规模管理，实行资产负债比例管理，改革呆坏账准备金提取和核销制度。推进住房制度改革，推行商品房制度，引入住房按揭制度，发展房地产市场。加快加入世界贸易组织谈判进程，推进外汇管理和外贸体制改革，通过汇率并轨改革和实施有管理的浮动汇率，推进外贸快速增长。

在有效应对亚洲金融危机对中国内地冲击的同时，我们还坚定支持香港渡过难关，同时向国际社会承诺人民币不贬值，并通过多种渠道向东南亚国家提供外汇支援，增强了东亚各国战胜危机的决心和力量，为稳定东亚经济和金融市场做出重要贡献。

三、亚洲金融危机留给我们的启示

亚洲金融危机留给我们许多重要的经验和启示，对于应对国际经济形势复杂变化和潜在的危机冲击，有十分重要的意义。

一是健全的金融体系是抵御外部冲击的重要保障。遭受亚洲金融危机冲击的国家，往往都存在负债率高、期限错配、不良资产比例大等问题，增大了金融体系脆弱性，一旦本币面临贬值压力和资本外逃，脆弱的金融体系就会首当其冲。这启示我们，要坚持深化金融体制改革，完善宏观审慎管理框架，加强对金融机构监管，健全金融安全网，增强金融体系抵御外部冲击的能力。

二是构建有弹性的汇率制度有助于缓冲外部冲击。亚洲金融危机的经验表明，固定汇率制度难以发挥汇率的市场调节功能，还可能造成资本过度流入和助推经济泡沫。构建有弹性的汇率制度，向市场提供正确的信号，有助于保持宏观经济和金融稳定。我们要坚持深化人民币汇率形成机制改革，增强人民币汇率弹性，发挥好汇率调节对宏观经济和国际收支的稳定器作用。同时，完善跨境资本流动宏观审慎管理，提高对跨境资本流动的逆周期调控能力。

三是深化改革是有效应对外部冲击的根本途径。高速增长时期掩盖的各种矛盾和风险，在危机时期往往会“水落石出”，这是推动改革的重要窗口期。此时推动改革的阻力相对较小，更容易达成共识。中国在应对亚洲金融危机冲击过程中，推进国企、金融、外贸、房地产、社会保障等领域改革，不仅有效扩大了国内需求，而且提高了供给侧效率，增强了经济增长内生动力，为走出危机和启动新一轮增长奠定了基础。

四是稳步扩大开放才能更好抵御外部冲击。亚洲金融危机时期，我国资本账户开放程度不高，客观上起到了隔离外部冲击的作用，因而受跨境资本流动冲击影响较小，但不能因此否认开放的重要性。封闭并不是应对危机的有效手段，只有开放才能真正提升应对和化解危机的能力。事实上，亚洲金融危机后，我国及时推进外汇管理和外贸体制改革，国际收支水平明显改善，对稳定市场信心起到了重要作用。更重要的是，我国积极推进加入世界贸易组织谈判，以更加开放更加积极的姿态融入全球经济体系，为提升我国经济的国际竞争力创造了有利条件。

五是转变经济发展方式能够增强抵御外部冲击的能力。金融危机的冲击，根本上是对经济发展方式的冲击。遭受亚洲金融危机冲击的国家，多为要素投入驱动型增长模式的经济体，长期依靠劳动力资源和资本投入拉动经济高速增长，但科技创新能力不强，全要素生产率偏低，这种依靠要素投入驱动的增长模式难以持续。应对危机的经验告诉我们，必须坚持转变经济增长方式，持续推动经济高质量发展，特别是要增强自主创新能力，实现高水平科技自立自强，提高全要素生产率，才能在国际竞争中赢得主动，也才能更有效地抵御外部冲击。

亚洲金融危机回顾与思考 *

张来明 张瑾

国务院发展研究中心副主任；中国国际发展知识中心副主任

今年是亚洲金融危机发生 25 周年。对于这场危机，有些人可能还记得，有些人可能早已忘却。“好了伤疤忘了疼”是人们古往今来易犯的通病，仅时隔 11 年就发生了危害更加严重而深远的国际金融危机。温故可知新，还可提醒人们免于重蹈覆辙。因此，在这个年份回顾和反思这场危机，应该不是无用之举。回望过去是为了更好地向前走。

一、危机的降临

1997 年初，索罗斯“量子基金”和罗伯逊“老虎基金”联手向泰国银行借贷泰铢，然后向泰国外汇市场抛泰铢购美元，泰国金融市场发生震荡，泰国动用外汇储备稳定泰铢汇率。5 月，索罗斯集巨资继续炒作泰铢，点燃了亚洲金融危机爆发的导火索。泰国政府出手救市，但未能阻止泰铢下跌。7 月 2 日，泰国财政部和中央银行宣布放弃自 1984 年以来实行的泰铢与美元挂钩的汇率制，实行浮动汇率制，曼谷外汇市场泰铢汇率应声下跌 15%~20%，创下有史以来最低纪录。当时，泰国的外债余额达到 900 亿美元，占其国内生产总值的 49%，远远超过国际警戒线。

亚洲金融危机风暴随后席卷东南亚与东北亚，其呈现的烈度和规模极具爆炸性。在东南亚，继泰铢实行浮动汇率制后，马来西亚、菲

* 本文 2022 年 8 月 18 日发表于《中国经济时报》。

律宾、印度尼西亚、新加坡等货币和股市相继暴跌。印度尼西亚最终放弃与美元挂钩的汇率政策，而马来西亚则采取了外汇管制措施。1997 年 7 月 1 日至 1998 年 2 月 18 日，印度尼西亚卢比贬值 74%，泰铢贬值 43%，马来西亚林吉特贬值 33%，菲律宾比索贬值 13%。同一时期，印度尼西亚股市暴跌 81%，马来西亚跌 59%，泰国跌 48%，新加坡跌 45%。在东北亚，韩国也放弃保护韩元措施，韩元在 6 个月内大幅贬值 48%，股市下跌 32%。韩国向国际货币基金组织求援以缓解债务危机，最终决定向外资全面开放金融业，实行外汇市场自由化。之后，韩国 18 家银行的国际信用评级被降级，经济进一步受到打击。日本的银行和证券公司接二连三地倒闭，其中包括百年老店北海道拓殖银行和第四大证券公司三一证券。1998 年 5 月起日元开始出现持续贬值，日本宣告进入“二战”后最严重的经济衰退，导致东南亚有些国家的股市再创新低。在中国，上海和深圳的股市大幅下跌，台湾地区弃守新台币汇率，而刚刚回归祖国不久的香港特别行政区金融市场受到冲击，国际炒家阻击港元，股市楼市大幅下跌，香港特区政府出手救市。

亚洲金融危机始于货币危机，迅速演变为一场经济、社会和政治危机，其影响呈现出连环性和破坏性。首先是财富损失。遭受金融风暴重创的这些亚洲国家货币大幅贬值，股市暴跌，外汇储备剧减，外资迅速撤离，各国财富遭到巨大损失。据《华尔街日报》报道，亚洲金融危机使这一地区 1 万亿美元的贷款变为呆账，2 万亿美元的股票化为乌有，3 万亿美元的国内生产总值消失。亚洲国家 1997 年 6 月份平均值 100 美元的资产到 1998 年 9 月平均值只有 25 美元。而后是经济衰退。随着币值和股市的崩溃，资本大规模外流，大量企业、商店、银行倒闭，失业率快速上升。1997 年 6 月至 1998 年 7 月，印度尼西亚国民生产总值直线下降 83%，泰国降 40%，马来西亚降 39%，菲律宾降 37%，韩国降 34%。再次是贫困加剧。由于经济衰退，工人收入大幅减少。据《华盛顿邮报》报道，印度尼西亚工人的年平均工资从 1997 年 6 月的 1000 美元降到 1998 年年中的 260 美元，相当于 1965 年的工资水平。世界银行估计亚洲地区 1 亿多的中产阶级又重新沦为贫困阶层。最后是政治危机。随着民生遭到破坏，遭受危机重创的国家出现了社会动乱甚至政治危机。1997 年年底，泰国和韩国政府更迭。1998 年 5 月至 7 月，印度尼西亚发生多次大规模社会动乱，8 月，担任总统 30 多年的苏哈托被迫下台。同月，日本首相桥本龙太郎被迫辞职。

亚洲金融危机并未止步于亚洲地区，也波及了世界其他国家和地区，呈现传染性。全球近百个有一定规模金融市场的国家都或多或少受到这场金融危机的冲击。在欧洲，由于石油需求萎缩导致石油价格下跌，俄罗斯出口收入下降，股市和债市震荡，政府财政赤字急剧增加，出现严重的金融危机以及政治危机，波及乌克兰、捷克、波兰、匈牙利等国家。俄罗斯金融动荡导致美国长期资本管理公司（LTCM）在 4 个月内损失 46 亿美元，最终破产。

亚洲金融危机通过金融和贸易渠道也影响到了欧美以及拉丁美洲的股市和经济增长。除了欧美股市暴跌，美国出口贸易在 1998 年上半年出现 20 世纪 90 年代以来第一次负增长，其中对亚洲地区出口减少 14%，影响其经济增长。亚洲国家货币贬值削弱了拉美产品竞争力，同时需求萎缩降低了拉美石油和原材料出口国的收入。随着美国投资者从拉美股市抽回巨额资金，阿根廷、哥伦比亚、巴西和墨西哥沦为债务国。

二、危机的成因

探究亚洲金融危机发生原因的著作和文章可谓汗牛充栋，观点纷呈。然而，历史事件的发生脱离不了内因和外因之间的相互作用。

其一，泡沫经济。20 世纪 80 年代至 90 年代中期，东亚各经济体年均增长率达 7%~9%。然而，遭受金融危机重创的国家有一个特点，即随着国际资本的大量流入，银行信贷过度扩张，大量贷款投向房地产市场和证券市场等高回报投资领域，使资产价格迅速膨胀，而膨胀的资产价格又可以作为抵押，使贷款进一步膨胀，房地产和股市过度繁荣，泡沫越鼓越大。1996 年，泰国外债总额为 930 亿美元，其中 730 亿美元由私人企业借入，1/3 用于房地产。在亚洲金融危机爆发前夕，这些国家的房地产出现滞销、价格下跌，无钱还债，威胁金融体系的稳定。当政府为应对国际游资而大幅提高利率时，银行体系便濒于崩溃。

其二，金融开放。遭受金融危机重创的国家在实行浮动汇率制之前已经开放了资本账户，尤其是大量使用短期资本融资，以填补外贸逆差和资金缺口。1997 年 6 月底，除中国和日本外的东南亚和东北亚经济体总共向国际性银行借款 3700 亿美元外，印度尼西亚、泰国、菲律宾、马来西亚外债分别在 300 亿 ~ 1300 亿美元，短期外债占 19%~41% 不等。而且，泰国和印度尼西亚的外汇储备都低于短期外债。国际货币基金组织在回顾亚洲金融危机的经验教训时对开放资本账户的节奏和改革顺序提出了质疑，指出危机显示在保证国内金融体系的稳健性之前开放资本账户具有风险，在开放长期资本流之前选择开放短期资本流提高脆弱性。德国前总理施密特主张受投机威胁的国家应设法保护自己，以避免来自外国短期资本的损害。诺贝尔经济学奖得主托宾认为，发展中国家不急于推行国内和国际金融市场的一体化可能是有利的。

其三，金融监管。20 世纪 80 年代，亚洲各国开始金融自由化改革。然而，有效的金融监管没有及时跟进。遭受亚洲金融危机重创的国家对国际资本和国内金融机构的监管不健全，出现监管真空。其实，泡沫经济中不良资产的膨胀也与金融监管缺失有关。一是对金融行业的准入缺乏管理，导致实力小、能力差、管理乱、风险高的金融机构遍地开花。二是对银行信贷政策缺乏制约，导致银行贷款过度集中在房地产等领域。三是对银行和金融机构的财务状况缺乏监督。银行和金融机构可以随意借用大量外债，向无偿还能力的企业发放贷款，导致银行系统出现大量呆账坏账。国际游资正是钻了这些金融监管中存在的空子，引爆了金融危机。在金融自由化的过程中，如何提高监管能力和水平以降低危机出现的风险是需要研究的重大课题。

其四，国际体系。一是布雷顿森林体系瓦解后形成的国际货币体系决定了亚洲金融危机发生具有一定的必然性。每当美国从低利率时期转为高利率时期时，各种危机发生的频率大大增加，亚洲金融危机也发生在相似背景下。而且，在当前国际货币体系下，如果世界主要货币币值不稳定，外汇风险只能由本国承担。二是国际金融体系没有监管国际游资的机制。1998 年年底，国际货币基金组织报告指出，投资银行、共同基金、对冲基金应对该年的全球金融市场混乱负责。世界银行前副总裁、诺贝尔经济学奖得主斯蒂格利茨说，亚洲金融危机之后，华盛顿的经济学家圈子（指国际货币基金组织和世界银行）承认应该对资本加以控制，但很难确定具体措施。三是国际货币基金组织提供援助的时间和措施备受争议。时任国际货币基金组织第一副总裁费希尔承认国际货币基金组织确实低估了亚洲金融危机扩散感染的危险。亚洲金融危机期间，国际货币基金组织会同世界银行及其他国家分别向泰国、印度尼西亚和韩国提供了 170 亿 ~550 亿美元不等的援助。但是，国际货币基金组织使受援国接受的一揽子结构调整计划却饱受争议。结构调整计划的基本特征是维护受援国货币在外国投资者和贷款者眼中的信誉。同时，迫使各国经济向外资开放、实行金融自由化。核心问题是没有根据各国国情提出能达到内外部经济平衡的援助方案。

三、中国的作为

在亚洲金融危机惊涛拍岸的当口，中国向世界发声，表明立场：自古以来中国和东盟各国人民创造了灿烂的文明，为人类进步做出了重要贡献，近代以来在建设自己国家的过程中都取得了令人称道的成就；中国不采取竞争性汇率贬值措施，不以邻为壑；中国将用外汇支援有关国家稳定外汇市场，与各国共渡难关。在亚洲金融危机期间，中国始终从保持经济持续增长和维护国际经济发展大局出发，认识到采取的政策措施不但关系着中国自身的发展，也关系到亚洲和世界的繁荣与稳定。

伴随坚定的“中国声音”的是迅速的“中国行动”。

首先，坚持人民币不贬值。东南亚各国货币的急剧贬值给人民币汇率带来巨大压力。当时，中国外贸出口明显下滑，国际市场普遍存在人民币贬值的预期。中国顶住压力，通过采取积极的财政政策、增加基础设施建设投入以扩大国内需求、积极利用外资等政策措施保持经济增长和社会发展。人民币对美元汇率不但没有下降，稳定在了 8.28 左右，而且还出现了稳中略升的走势。标准普尔全球评级亚太区首席经济学家保罗·格伦瓦尔说：“人人都担心亚洲危机升级，但中国保持汇率稳定的做法成为地区的巨大稳定之源。”

东盟各国领导人对中国做出的贡献纷纷表示赞叹。马来西亚总理巴达维曾表示，中国承诺人民币不贬值，对东盟成员国克服金融危机产生的不利影响给予了很大帮助，“对此，东盟永远不会忘记”。美国时任总统克林顿高度赞扬中国在缓解亚洲金融危机中一直发挥着非常积极的作用，尤其是在巨大的压力下仍坚持人民币不贬值的政策。英国时任首相布莱尔和法国时任总统希拉克都认为北京是稳定和负责任行为的支柱。

其次，坚定支持香港渡过难关。从 1997 年 10 月至 1998 年 8 月，国际炒家先后数次阻击港币，并同时冲击汇市、股市和期指市场，威胁到香港的联系汇率制度。香港在股票市场和恒生指数期货市场与国际炒家斗智斗勇，赢得了金融保卫战的胜利。在香港与国际炒家博弈的过程中，中央政府明确表示，只要香港特区政府提出要求，中央政府将不惜一切代价维护香港的繁荣稳定，保护其联系汇率制度。据媒体报道，在与国际炒家决战的关键时刻，中央政府派出了两名央行副行长到香港，要求在港的所有中资机构全力以赴支持香港特区政府的护盘行动。中央政府的支持提振了香港应对危机的底气和信心，成为最终战胜危机的坚强后盾。

再次，及时援助亚洲国家。中国通过国际货币基金组织、世界银行以及双边渠道，向泰国、印度尼西亚、韩国等有关国家提供了共计 60 多亿美元的支持。国际货币基金组织时任总裁康德苏高度赞赏中国参与援助泰国的融资，认为中国是国际货币基金组织的模范成员。他指出，中国并不只是国际货币基金组织的受益者，随着经济的发展，中国开始主动支援本地区遭遇困难的国家。

最后，积极推动国际合作。亚洲金融危机使东盟各国深感地区合作的重要性。中国通过与东盟的领导人会议和双边会晤呼吁，为了保障亚洲各国人民的根本利益、促进人类和平与发展，必须进一步加强合作，战胜金融危机，实现经济振兴和发展。在金融方面，强调积极参与国际金融体制改革与调整，提出合作加强对短期流动资本的监管；重申保持人民币汇率稳定，在力所能及的范围内援助东盟有关国家；

捐款20万美元，支持东盟成立“东盟基金”。在亚洲金融危机期间，中国与东盟国家互访频繁，一起参加亚太经合组织非正式首脑会议、亚洲与欧盟首脑会议。中国强调发达国家要加强对国际金融流动的监管，遏制国际游资的过度投机，帮助发展中国家提高预测和防范能力。中国呼吁尊重有关国家和地区为克服金融危机影响所做出的自主选择，不将自己的制度和模式强加于人。

中国还积极与其他国家合作共同应对金融危机。1998年年中，日元汇率暴跌，导致东南亚有些国家的外汇和股票市场又剧烈震荡，随即波及美国华尔街。在此关口，中国一方面表示人民币不贬值，另一方面呼吁美国和日本承担起政治经济大国的责任，促使美国和日本联手阻止日元汇率暴跌。美国时任财政部部长鲁宾赞扬中国在亚洲金融危机中的积极作用，特别是在稳定人民币汇率和促进亚洲金融局势稳定方面所做出的贡献。

雪中送炭是道义的彰显和行动的支援。中国尽己所能为解决金融危机贡献了重要力量。中国的一系列举措大大增强了亚洲国家克服危机的决心和力量，稳定了国际金融市场和投资者对亚洲市场的信心，维护了国际经济发展的大局。

四、危机的启示

其一，未雨绸缪。亚洲金融危机启示我们：需要加强金融监管和风险预警。经济全球化时代，各国的经济金融不同程度地交织融合在一起。习近平主席在出席世界经济论坛2017年年会开幕式时指出，国际金融危机也不是经济全球化发展的必然产物，而是金融资本过度逐利、金融监管严重缺失的结果[①]。亚洲金融危机期间国际炒家咄咄逼人

① 《共担时代责任 共促全球发展——在世界经济论坛2017年年会开幕式上的主旨演讲》，《人民日报》，2017年1月18日第3版。

的加码对赌和国际金融机构雪上加霜的撤资至今仍历历在目、触目惊心。发展中国家在推进全球化的同时，需要培育本国市场的竞争力，提高相应的金融监管、监测和预警能力以及政策手段的有效性，掌握相关政策的实施顺序和节奏。金融的全面市场化需求与国内金融体系的竞争力、政府调控宏观经济政策的稳健性相匹配，如此才能应对国际金融机构进行的资产调整和国际游资对本国金融体系的冲击。

其二，正本清源。亚洲金融危机启示我们：需要让金融回归服务实体经济的本源。金融危机产生的多米诺骨牌效应首先冲击实体经济，出现经济衰退，进而危及民生，激化国内矛盾，导致社会动荡和政治危机。流入遭受危机重创国家的国际资本和本国银行信用扩张所创造的资金没有被配置到实体经济中，而是大量投资于房地产市场和股票市场，引发经济泡沫。经济遭到打击后出现的社会和政治动荡使经济发展的环境遭到破坏。如果经济是人的肌体，金融就是血脉，两者共生共荣。服务实体经济是金融的宗旨，也是防范金融风险的根本举措。习近平总书记指出，如何让金融市场在保持稳定的同时有效服务实体经济，仍然是各国需要解决的重要课题①。

其三，以人为本。亚洲金融危机启示我们：需要使经济金融发展以人民为中心，在满足人民创业、追求美好生活需要的同时，保护人民的生计和财产。短短一年多时间，亚洲人民积累了 20 多年的发展成果在金融危机中遭到重创，人民的资产大为缩水，生活水平出现倒退，社会稳定受到危害。习近平总书记强调，要“强化金融服务功能，找准金融服务重点，以服务实体经济、服务人民生活为本”②。要通过市场

① 《构建创新、活力、联动、包容的世界经济——在二十国集团领导人杭州峰会上的开幕辞》,《人民日报》，2016 年 9 月 5 日第 3 版。
② 《深化金融供给侧结构性改革 增强金融服务实体经济能力》,《人民日报》，2019 年 2 月 24 日第 1 版。

机制和金融监管并举，将金融资源更多配置到经济社会发展的重点领域和薄弱环节；使金融运行特别关注和支持创新，支持发展社会需要的各行各业；金融机构在满足人民群众对金融服务的需求和实体经济多样化发展中实现共赢。

其四，全球共治。亚洲金融危机启示我们：需要加强国际协调和合作，推动国际经济金融稳定健康发展。经济全球化时代，发展中国家越来越融入世界经济金融体系。然而，相对于发达国家金融业的竞争力，发展中国家还存在很大差距，相对于发达国家主导的国际金融治理体系，发展中国家的声音还不大。在第五次金砖国家领导人峰会上，习近平主席提出，金砖国家要加强在联合国、二十国集团、国际经济金融机构等框架内协调和配合[①]。当前，世界百年未有之大变局和新冠肺炎疫情大流行交织影响，全球金融市场频繁动荡，世界经济复苏艰难，各国金融发展面临着许多相似的难题。2016年，习近平主席在二十国集团工商峰会上指出，“全球经济治理重点要共同构建公正高效的全球金融治理格局，维护世界经济稳定大局”[②]。为了增强全球金融市场抗风险能力，世界各国应当齐心合力，打造适应国际经济格局的、公正合理的治理模式，为世界经济的发展提供保障。

25年前，亚洲金融危机的发生使本地区各国人民蒙受了巨大损失。面对所遇到的共同挑战，中国和各国协力应对，逐步从危机冲击下走了出来，恢复了经济发展活力。如今，亚洲以购买力平价计的国内生产总值已接近全世界的一半，东盟已成为世界第五大经济体，中国也已发展成为世界第二大经济体，亚洲成为举世瞩目的经济发展活

① 《金砖国家领导人第五次会晤在德班举行 习近平出席并发表重要讲话》，人民网，2013年3月28日。

② 《习近平出席2016年二十国集团工商峰会开幕式并发表主旨演讲》，《人民日报》，2016年9月4日第1版。

力强劲地区。当今世界乱云飞渡，国际经济金融局势波诡云谲，亚洲国家应该坚持共同发展、开放发展、合作发展的人间正道，共同维护亚洲和平与发展，让亚洲各国都能在和平稳定环境中发展，并通过不断发展来不断增进民生福祉。这应是对亚洲金融危机最好的反思和鉴戒，更应成为亚洲各国的选择和行动。

亚洲金融危机 25 周年的回顾与启示

中国发展研究基金会课题组[①]

1997 年爆发的亚洲金融危机重创东亚和东南亚经济社会发展。中国与亚洲各国团结协作、共克时艰，为亚洲走出金融危机发挥了积极作用，展现了负责任的大国担当。25 年后的今天，世界正在经历全球性的经济衰退，金融市场乌云密布，全球供应链的稳定正在受到严重冲击；发达国家特别是美联储货币政策的急转弯正在导致全球性债务危机爆发；地缘政治冲突更是加剧了全球性的能源危机、粮食危机，世界面临着“二战”结束后最为严重的系统性危机。立足当下，回顾与分析亚洲金融危机的成因及影响，系统归纳总结危机带来的经验和教训，对于有效应对百年未有之大变局下的新问题新挑战、防范化解金融风险具有重要的理论和现实意义。

一、亚洲金融危机的回顾

（一）亚洲金融危机的起源与发展阶段

亚洲金融危机起源于泰国，迅速蔓延至整个东南亚地区，之后又向韩国、日本扩展并逐步深化。危机可以分成 4 个阶段：第一阶段开始于 1997 年 7 月 2 日，泰国宣布泰铢自由浮动，当日泰铢立即大跌，泰国金融危机全面爆发。这一阶段，危机主要在泰国、马来西亚、菲律宾、印度尼西亚、新加坡以及中国台湾肆虐。第二阶段开始于 1997

① 总负责人方晋，课题负责人俞建拖，课题协调人李帆，课题组成员梁婧姝、闫晓旭。

年 11 月中下旬，金融风暴冲击韩国。第三阶段开始于 1998 年 3 月中旬，日本股市、汇市出现大幅度波动。危机开始深化，由货币危机发展为全面的经济危机，由区域性危机发展为世界性危机。第四阶段，以 1998 年 8 月俄罗斯局势恶化引发新一轮对港币的冲击和美国股市大跌为标志，危机进一步向世界纵深发展[①]。

（二）多重因素叠加导致亚洲金融危机爆发和深化

亚洲金融危机爆发的内因发端在先，但内因、外因很快交织在一起，相互推动，共同促成了危机的爆发和深化。

1. 亚洲金融危机爆发的内因

第一，东南亚经济结构失衡。在世界经济发生巨大变化的情况下，东南亚各国对结构转型和产业升级的重要性认识不足，对基础设施的投资严重不足，竞争优势急剧削弱，经济发展缺少后劲。由于长期主要依靠劳动密集型的低技术含量产品，过度依赖出口且出口产品单一，在遇到外需不足，或者其他劳动力成本更低的国家竞争时，出口能力下降，国际收支恶化，为货币贬值埋下隐患。

第二，泡沫经济破灭。美元本位制下，美联储倾向于过度供应美元，由于缺少国际收支自动调节机制，美元供给的迅速增长给储备货币吸收国带来国内流动性过剩的巨大压力。由于缺乏引导，资本毫无节制地流向高回报高风险的债券、股票、房地产行业，形成了虚拟资产大于实物资产的“泡沫经济”。当房地产滞销降价，泡沫破裂，银行不良债权膨胀，银行体系近于崩溃。

第三，过度放宽金融管制。受美国新自由主义模式等思想影响，东南亚国家在未像西方国家一样设置“护栏”的情况下，过早取消金

① 张承惠：《亚洲金融危机反思：启示与建议》，“亚洲金融危机 25 周年的回顾与启示”课题专题报告。

融机构设立、存贷款利率及外汇的管制，引入投机性很强的衍生金融工具，全面开放资本市场，过早实施资本项目自由化，使国际投机者有机可乘。

第四，市场存在“短债长用”和贷外汇投资本国的双重错配。为积极吸引外资，弥补贸易逆差造成的经常项目赤字，东南亚国家举债规模庞大，外债结构不合理，短期债务畸高。大量短期外资在市场低迷时纷纷撤离，严重破坏了金融的稳定性①。

第五，政府宏观调控政策失误。以日本为例，宏观政策失误突出的表现，一是 1997 年 4 月以后，提高消费税、停止所得税减税、提高社保个人缴费、增加医疗费用个人负担等。二是从 1996 年起，实行紧缩财政的政策，削减公共投资。无论是企业还是老百姓均对经济前景信心不足，消费萎靡不振、经济增长乏力。

第六，信心危机传染效应。亚洲各国经济发展模式相近，外向型程度较高，对汇率较为敏感。泰铢失守后，多数亚洲货币由固定汇率或有管理的浮动汇率仓促转向自由浮动，期望通过贬值改善国际收支状况，结果形成竞争性贬值的格局。

2. 亚洲金融危机爆发的外因

第一，国际货币体系自身的缺陷。美元加息和升值的强周期，通常会在新兴市场和发展中国家引爆金融危机，亚洲金融危机也与此有关。东南亚国家采用的汇率制度多是与美元挂钩的盯住汇率制度，1985—1995 年，美元贬值，提高了挂钩国家的出口竞争力。但是自 1996 年以后，美元连续大幅走强，造成挂钩国家币值高估和经常项目恶化，只能靠资本项目来弥补。

---

① 管涛、付万丛：《为下次全球性危机做好准备》，“亚洲金融危机 25 周年的回顾与启示”课题专题报告。

第二，国际投机者恶意攻击。1997 年 6 月，以索罗斯为首的国际炒家集结“火力”抛售泰铢，泰铢猛跌，最终导致泰国金融危机全面爆发。1997 年 10 月，香港股市受到严重冲击，国际资本狂妄地将香港戏称为他们的“超级提款机”。直到 1998 年 8 月俄罗斯主权债务违约，高杠杆运作的美国长期资本管理公司遭受重大损失，流动性风险波及多家华尔街金融机构，美国才收紧了对对冲基金的杠杆率管理①。

第三，国际救助政策失误。由于在区域内缺乏最后贷款人，国际货币基金组织在一定程度上承担了国际最后贷款人的角色，但是在很大程度上，国际货币基金组织对遭受亚洲金融危机国家及地区的救助有限，且附带苛刻条件。特别是国际货币基金组织用救助拉美的“药方”来治亚洲的“病”，过度强调紧缩，让银行无序破产造成银行挤兑，结果是“乱上添乱”（斯蒂格利茨，1999），加重了经济的混乱与衰退。

（三）中国在亚洲金融危机中发挥积极作用

1. 坚持人民币不贬值

在各国货币竞相贬值时，中国也面临出口增长率下降、国内需求不振、失业增多和 1998 年特大洪水等巨大压力。但从维护本地区稳定和发展的大局出发，中国政府明确表示不采取竞争性汇率贬值措施，保持人民币的币值稳定。这成功抑制了东亚货币对美元的竞相贬值趋势，有力维护了国际投资者对亚洲经济体的信心，对于稳定亚洲经济和世界经济发挥了关键作用。

2. 支持香港特区打赢金融“保卫战”

1997 年 10 月，面对国际炒家对香港联系汇率制的冲击，中国政府

① 林毅夫：《东南亚金融危机的经验教训与我国的产业发展政策》，《经济科学》1998 年第 2 期。

的态度非常坚定：坚持人民币不贬值，支持香港联系汇率制不变，随时向香港专送外汇。在中央政府和香港特区政府的共同努力下，香港特区击退投机势力，挽救了股市，保障了香港特区经济金融安全。

3. 积极援助深陷危机的国家

1997年9月，国际货币基金组织和世界银行秋季年会在中国香港召开，中国为国际货币基金组织向泰国提供的一揽子救济计划捐献10亿美元。随后，中国通过国际货币基金组织以及双边渠道，向泰国等国提供了总额超过40亿美元的援助，还向印度尼西亚等国提供了进出口信贷和紧急无偿药品援助。危机后，中国积极参与区域货币金融合作。2009年中国在清迈倡议多边化份额与日本并列第一，出资384亿美元，占比32%，同时借款乘数最低仅为0.5①。

4. 积极推进亚洲地区货币合作

在1997年《清迈倡议》签订后，1998—2008年，中国分别与东盟国家陆续签署了9份货币互换协议。2016年，中国政府在东盟与中日韩宏观经济研究办公室设立中国技术援助信托基金，帮助区域成员加强宏观经济监测能力。在中国的积极推动下，东盟与中日韩各国和亚洲开发银行于2010年11月合作组建了“区域信用担保与投资基金”。

5. 中国国内政策全方位调整，正向溢出效应不断增强

第一，宏观调控政策及时转向。保持人民币汇率稳定的同时，中国宏观调控转为积极的财政货币政策②。1998年8月，国务院增发1000亿元财政债券，重点用于增加基础设施建设投资，并采取降低存贷款

① 详见《央行：清迈倡议多边化正式签约 总规模1200亿美元》，中国政府网，2009年12月28日。

② 关于中国财政政策基调变化参考《改革开放三十年财政政策概要》，中国政府网，2008年11月11日。

利率、提高出口退税率等一系列宏观调控政策。

第二，大力推进金融与国企改革。1997 年，中国人民银行为商业银行设定目标，在往后 7 年中逐年减少 2%~3% 的不良贷款率。1998 年是国企“下岗潮”的开端，年底中央经济工作会议将深化国企改革排在第二位。此外，我国加快加入世界贸易组织谈判进程，推进外贸、外资、外汇体制改革。

第三，进一步加强和改进外汇管理。加强经常账户购付汇真实性审核，进一步收紧资本项下的用汇管理，加大对违法违规外汇收支行为的立法和执法力度。

中国对东亚经济的正向溢出效应不断增强。亚洲金融危机后，中国逐渐成为东盟国家最重要的出口市场。中国对东亚国家的溢出效应一方面增加了亚洲国家的外需来源，另一方面在其他外需引擎出现问题时，中国的外需能够起到“缓冲器”的作用。与此同时，中国内部结构改革和产业升级对亚洲国家的溢出效应也在上升。根据国际货币基金组织和亚洲开发银行的研究，中国国内经济再平衡对亚洲国家的溢出效应高于对其他地区的溢出效应[①]。

（四）亚洲金融危机的影响

1. 危机给东南亚各国带来冲击

第一，经济增速下滑。1998 年东南亚主要国家和地区 GDP 增速与上年相比均大幅下降。其中，印度尼西亚下降 17.8%，马来西亚、韩国、新加坡经济增速下降幅度均达两位数。中国香港出现 1984 年以来第一次衰退，韩国经济也出现衰退。日本在 20 世纪 90 年代初泡沫

① Hong，G. H.，Lee，M. J.，Liao，W.，& Seneviratne，D. China and Asia in Global Trade Slowdown. IMF Working Paper，No.WP/ 16/ 105，2016；Abiad，A.，M. Lee，M. Pundit，and A. Ramayandi. Moderating Growth and Structural Change in the People’s Republic of China：Implications for Developing Asia and Beyond. ADB Briefs No. 53，2016.

经济破灭后，1995—1996 年曾出现复苏迹象，1997 年以后再度陷入衰退。

第二，货币贬值导致外债增加，出口受阻。放弃固定汇率带来货币贬值，导致外债规模增加。以印度尼西亚为例，汇率由 1996 年 12 月 2383 盾兑 1 美元跌为 1997 年 12 月 5652 盾兑 1 美元，外债由 27 万亿盾增加为 55 万亿盾。出口方面，东南亚各国多以来料加工为主，货币大幅度贬值使原材料进口成本增加，制约出口增长。

第三，金融体系稳健性受到冲击。泰国房地产价格下跌 30%，股市指数由近 700 点下跌 60%，银行出现巨额坏账。韩国股市受劳工动乱和其他地区金融市场影响出现大幅下挫，使韩国汇率出现新的贬值压力。日本 1997 年若干大型或中型骨干金融机构连续破产，一时间出现金融恐慌迹象。

第四，影响政局和社会稳定。1998 年印度尼西亚共发生 2000 起学生示威游行、1300 宗非政府团体集会、500 起罢工和 50 场骚乱，大批外国侨民纷纷逃离；各地失业率高企，韩国、印度尼西亚 1998 年失业率分别增至 7% 和 5.5%，中国香港失业率攀升至 6%。经济社会问题引发了政局动荡，印度尼西亚总统苏哈托下台，日本桥本龙太郎首相辞职，马来西亚副总理安瓦尔被撤职。

2. 以金融危机为契机，提升东南亚国家经济韧性

第一，对外失衡逐步改善。一是经常账户收支显著改善。2001—2007 年，亚洲金融危机波及的五国的经常账户盈余占 GDP 比重均值为 3.8%，显著好于 1993—1996 年的均值 -4.0%。二是外债负债率显著下降。2007 年，菲律宾、韩国、马来西亚、泰国和印度尼西亚的外债占 GDP 或国民总收入（GNI）比重较 1998 年高点分别下降 28 个百分点、11 个百分点、5 个百分点、71 个百分点和 133 个百分点。三是

短期外债占比趋于改善。2007 年，菲律宾、泰国、印度尼西亚和马来西亚的短债占比分别较 1997 年分别下降 11 个百分点、5 个百分点、11 个百分点和 4 个百分点。

第二，汇率弹性普遍增加。2000 年 1 月—2007 年 12 月，美元兑泰国泰铢、印度尼西亚盾、菲律宾比索和韩国韩元的月均值显著大于 1993 年 1 月—1996 年 12 月的月均值，尤其是泰铢的标准差扩大超 14 倍。2005 年，中国和马来西亚实行汇率改革，重归真正的有管理的浮动汇率制度。

第三，经济韧性大大增强。经历了痛苦的结构性改革，亚洲已成为全球重要的生产中心和全球价值链中心，也是非常重要的消费和投资市场。

3. 金融危机促进亚洲合作进程

第一，促进亚洲金融合作。1998 年 12 月，第二次东盟与中日韩领导人会议上，中国提出在 10+3 框架内建立财政和央行对话机制。2000 年 5 月 4 日，第九届东盟与中日韩财长在泰国清迈共同签署了建立区域性货币互换网络的协议。截至 2003 年 12 月底，中、日、韩与东盟 10 国共签署 16 份双边互换协议。

第二，促进区域贸易合作。据统计，1997 年，亚太地区正处于谈判、已签署、已生效的各类自由贸易协定仅有 41 项，2005 年突破 100 项，2021 年已经达到 275 项。在多边贸易合作方面，最典型的就是《区域全面经济伙伴关系协定》（RCEP）。

第三，促进亚洲投资合作。亚洲金融危机后，亚太地区达成多个重要的多双边投资协定。包括 2009 年签署，2012 年生效的东盟全面投资协定，2014 年生效的中日韩投资协定等。此外，东亚地区还存在众多双边投资协定，例如中国—日本投资协定、中国—马来西亚投资协定、中国—菲律宾投资协定等[①]。

二、须高度重视和防范新的全球性经济金融风险

亚洲金融危机促进了亚洲国家的改革与合作，但世界经济治理和全球货币体系中的深层次问题并没有得到解决。之后，美国互联网泡沫破裂引发经济衰退，房地产泡沫破灭更是导致了全球金融危机。以美国为首的发达国家通过量化宽松政策走出了危机，但经济增长始终低迷。英国“脱欧”和美国近期对华一系列政策，显示保护主义和民粹主义的支持力量显著上升。新冠肺炎疫情和乌克兰危机，进一步说明当今世界正处于百年未有之大变局中，各种风险不断积累，不排除出现新的经济金融危机的可能性。

（一）全球性经济金融风险日益凸显

全球经济面临衰退风险。联合国发布的《2022 年中世界经济形势与展望》报告将 2022 年全球经济增速下调至 3.1%，预计 2022 年全球通胀率将增至 6.7%，是 2010—2020 年平均通胀率 2.9% 的两倍多，粮食和能源价格将大幅上涨[②]。国际货币基金组织 2021 年 10 月以来 3 次下调全球经济增长预期，最新的《世界经济展望》报告预计 2022 年全球经济增速将保持在 3.2%，2023 年将放缓至 2.7%[③]。世界贸易组织发布报告称，全球贸易预计在 2022 年下半年失去增长动能，2023 年增速将大幅下降。报告将 2023 年全球货物贸易增速预期下调至 1%。[④]世界主要经济体中，美国受到自身经济泡沫膨胀、美联储加息以及乌克兰危机的叠加影响，经济衰退压力较大；欧元区通胀水平仍处高位，冬

---

① 熊爱宗：《亚洲金融危机 25 周年：回顾与反思》，“亚洲金融危机 25 周年的回顾与启示”课题专题报告。

② 《联合国下调今年全球经济增长预期至 3.1%》，《经济参考报》，2022 年 5 月 20 日。

③ 《2022 年 IMF〈世界经济展望报告〉发布会举行》，经济参考网，2022 年 10 月 27 日。

④ 《多机构示警全球经济可能衰退》，中国经济网，2022 年 10 月 11 日。

季能源紧缩问题将导致欧元区经济活动下滑；印度、墨西哥等发展中国家不得不大幅加息以稳定经济金融秩序，持续攀升的利率可能触发债务问题等一系列连锁反应。

脱钩风险显著上升。大国博弈、地缘政治日益复杂等因素导致全球面临经济脱钩、产业链脱钩和金融脱钩的风险。贸易保护主义抬头，逆全球化思潮暗流涌动，不少国家出台相关政策加速产业回流，导致全球部分产业链存在明显的“缩链”和“断链”现象。同时中美经贸摩擦进一步加剧，中美之间的竞争和博弈在不同领域不断升级，从产品贸易、高新技术产业到金融市场等多方面脱钩风险日益上升。乌克兰危机以来，美西方国家与俄罗斯的“政治划界”蔓延至经济、金融领域，冻结俄罗斯外汇和黄金储备、将多家俄罗斯银行排除在 SWIFT 之外[①]。

气候变化和绿色转型等新型风险值得关注。在乌克兰危机推高能源价格的背景之下，这场危机将极大地影响全球应对气候紧急情况的努力。气候风险主要分为物理风险和转型风险，物理风险指实物资产价值因极端气候事件或长期气候变化受到损失贬值，通过实体经济的受损造成整个金融体系信用风险、赔付能力风险和重新估值风险的上升；转型风险则主要是由于技术和政策的绿色转型使部分资产需求下降，造成大量资产搁浅，搁浅资产的贬值使企业利润和偿债能力下降，增加企业信贷违约的概率，造成的经济损失将通过银行、债券、保险等行业影响整个金融系统，加剧信用风险和市场风险。气候变化和能源转型过程中出现的资产搁浅、高杠杆经营、融资受阻等风险问题可能由产业向金融领域传导，进而引发系统性金融风险，也给政府和银

① 参考本书中尾武彦《加强国际合作，应对潜在风险》、德地立人《金融危机和金融脱钩的危害性》中关于脱钩风险的相关论述。

行带来了不可忽视的财务问题，值得高度关注[①]。

（二）美元加息周期引发全球金融市场动荡

在美联储开启加息周期影响下，美元表现强势，使美国经济对世界资本形成“磁铁”效应。在美元强势的背后，众多非美元货币出现贬值，欧元、日元、人民币等主流货币贬值程度超出预期，新兴市场国家货币更是深陷泥沼。伴随着货币危机的，还有通胀高企、债务困境、资本外流、外汇枯竭等问题。

第一，影响新兴国家国际收支平衡。美元加息会抑制其国内总需求并导致新兴市场国家的出口总量下降，全球贸易进一步收缩。在国际大宗商品价格大涨的背景下，部分新兴经济体的进口商品价格上涨幅度超过出口商品的价格，粮食和能源外部依赖度高的经济体将出现贸易逆差扩大的现象，恶化国际收支状况。

第二，新兴市场国家债务违约风险上升。美联储加息，美债利率上升，全球资金会回流美国，国际资本的流出与抛售，一方面加剧了新兴市场货币的贬值，另一方面也提高了新兴市场的融资成本。据国际货币基金组织统计，2021 年末新兴经济体外债总额达 11.9 万亿美元，同比增长 5.8%，外债占 GDP 比重达 30.7%（见图 1）。据不完全统计，近期向国际货币基金组织求援的国家除了斯里兰卡、巴基斯坦、孟加拉国以外，还包括加纳、坦桑尼亚、赞比亚、埃塞俄比亚等非洲国家。

第三，美元升值带来输入型通胀。为了防止外资（为）购买美国资产保值而大量撤离，印度尼西亚、菲律宾、越南、瑞士和挪威等央行被迫加息，以维护本币币值。被迫跟随美联储加息为新兴市场带来

① 参考本书艾卡思《深化区域合作，共同应对新兴风险》中对气候转型等新型风险的论述。

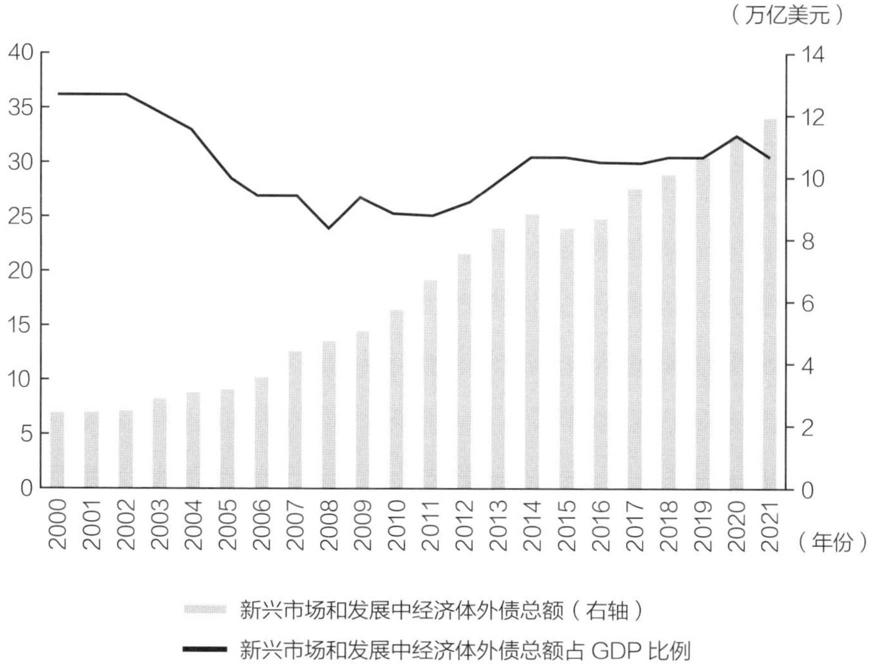

图 1 新兴市场和发展中经济体外债情况（2000—2021 年）

资料来源：IMF External Debt Statistics

“雪上加霜”的金融环境。随着货币贬值和资本外流，新兴市场货币体系脆弱，往往出现严重的通货膨胀，在美联储加息的大环境下被迫跟随加息，从而导致经济基本面恶化，最终影响到国家收入。

三、亚洲金融危机对当下的启示

百年变局下，风险与机遇并存。环顾世界，亚太地区已经成为全球最具增长活力和发展潜力的区域。面对多重危机考验，各国要以史为鉴，面向未来。强化区域合作的独特优势和内在动力，把握深化改革开放的有利契机，以开放、合作、共赢精神，回应时代呼唤，共谋繁荣发展。

（一）重塑国际货币体系

以美元主导的国际货币体系是金融危机爆发的制度性根源。由于美元供给不受黄金供应量的限制，而是服务于美国国内经济目标，美联储货币政策的周期性波动，必然给全球金融市场带来震荡与冲击。为了提高国际货币金融体系的安全系数，应推动形成多元储备货币并存格局，通过储备货币之间的竞争抑制单一主权货币充当国际货币时存在的国际金融动荡。赋予发展中国家经济体更多话语权，建立对各国金融阵地的多边监管体系，推动国际货币体系向多元化、合理化方向发展。

（二）加强全球宏观政策协调

应对全球性挑战需要更好发挥 G20 国际经济政策协调机制的积极作用。在全球经济增长放缓的情况下，世界主要经济体应加强国际合作，推动贸易发展，维护产业链、供应链稳定。各国应采取负责任的经济政策，加强政策信息透明和共享，协调好财政和货币政策目标、力度、节奏，把控好政策溢出效应。同时，国际经济金融机构也应发挥建设性作用，凝聚国际共识，增强政策协同，确保资源在发展中国家的可及性，防范系统性风险。

（三）推动区域一体化进程

亚洲金融危机的爆发可以看作是推动亚洲一体化的起点，此后陆续发起了 10+3 机制等一系列合作倡议。但随着危机影响的逐步消退，亚洲一体化的动力有所减弱。未来应坚持开放区域主义原则，加快亚洲区域一体化进程。一方面，通过不断深化亚洲区域一体化进程，建立统一市场，创造新的内需，实现区域经济可持续发展。另一方面，加强区域价值链的紧密合作，形成梯队式发展模式，避免各国之间恶性竞争。反对脱钩和单边主义、保护主义，以更加包容的全球治理、更加有效的多边机制、更加积极的区域合作应对各种风险挑战[①]。

（四）促进人民币国际化发展

推进人民币国际化发展是降低对美元体系依赖，减少国际融资和支付风险，推动国际货币改革的必然要求。继续稳步提升人民币国际化水平，一要拓展人民币跨境使用空间。积极推动企业和金融机构在相关国家和地区的人民币投资和信贷行为。二要进一步便利境外投资者、扩大金融市场开放。探索扩展现有跨境投资的产品类型，适当扩大跨境投资中国金融市场的参与者范围。三要完善人民币离岸市场体系。优化人民币离岸市场海外布局，不断完善离岸人民币清算体系，探索离岸人民币市场的管理机制[②]。

（五）持续深化改革开放

全球性风险不断上升对经济增长的抑制将长期存在。根本的应对之策是持续推动改革开放，激发经济社会发展新动能。一是全面深化改革，完善市场经济体制。持续推进国有企业、竞争政策、产业补贴、知识产权、环境标准等方面的改革。加快转变发展方式，全面提升各种生产要素的质量和水平。与时俱进地调整社会政策，改善收入分配制度，推进共同富裕。二是要加快构建更高水平开放型经济新体制。推动商品、服务、资源、要素开放，建设高标准市场体系。持续推动制度型开放，实现国内经济体制机制与国际通行规则接轨。推动“一带一路”倡议、《区域全面经济伙伴关系协定》等的协同发展。

---

① 参考本书郑永年《中国的大国责任是亚洲区域稳定的基础》中对亚洲建立开放包容的多边主义的相关论述。

② 中国银行业协会：《人民币国际化报告（2021—2022）》。

（六）完善 ESG 政策框架，积极应对绿色转型风险

ESG 投资理念有利于引导资金向气候治理领域倾斜，助力规避气候变化和绿色转型中产生的风险。要规范和提升 ESG 评价标准与质量，探索构建与国际标准相衔接、具有中国特色的 ESG 政策标准体系，同步引导金融机构提升 ESG 贡献评估能力，为后续创新 ESG 投资产品和服务做前置支持。一方面应将转型风险纳入宏观审慎分析框架中，加强绿色转型风险监测和评估，开展情景分析和压力测试；另一方面还需要进一步强化转型风险相关的信息披露，完善监管方面的相关法律法规。

亚洲金融危机反思：启示与建议

张承惠

国务院发展研究中心研究员，三亚经济研究院院长

1997 年 7 月爆发的亚洲金融危机，对亚洲经济、政治乃至全球经济、金融都产生了巨大的影响。25 年之后的今天，回顾亚洲金融危机的发生、发展和应对，对当今全球经济滞胀、金融市场波动仍有重要的借鉴意义。

一、亚洲金融危机的基本情况

泰国的金融形势恶化始于 1997 年 2 月 14 日。以索罗斯为代表的国际投机者大量抛售泰铢，引起泰国金融体系动荡。1997 年 5 月中旬和 6 月上旬，国际投机者再三向泰铢发起冲击。面对严峻形势，泰国政府被迫于 6 月底宣布关闭第一金融公司和其他 15 家有问题的金融公司（前后一共关闭了 56 家金融公司和 4 家国有银行），并于 7 月 2 日放弃坚守了 10 多年的固定汇率制度。于是泰铢迅速大幅度贬值，在不到两周的时间内，从 1 美元兑 26 泰铢下跌至 32 泰铢并继续下滑，最低时曾跌至 56 泰铢，贬值幅度达 50% 以上，泰国金融危机由此全面爆发。

国际投机者在对泰国进攻取得胜利以后，转而进攻东南亚其他国家和地区，由于这些国家和地区的经济结构、经济发展模式大体相同，国家与国家、国家与地区之间的经济关联度又很高，具有“一荣俱荣、一损俱损”的特点，因此这些国家和地区先后不得不放弃实行了多年的盯住美元的固定汇率制度，使得汇率大幅度下跌并引起金融体系和

经济体系混乱。

在东南亚主要国家纷纷发生危机的同时，韩国、日本金融危机相继爆发。1997 年 8 月，在韩国出口受阻、国际收支恶化以及东南亚金融危机的影响下，投资者对韩国信心下降，资本开始外流，造成韩元汇率下跌压力，韩国政府试图通过对外汇市场的干预来稳定汇率的努力未果。11 月 20 日，韩国爆发了全面的银行、股市和外汇市场危机，韩国政府已经无力稳定局势，不得不向国际货币基金组织求救，以部分经济自主权来换取国际货币基金组织的援助。20 世纪 90 年代初日本泡沫破裂后，由于不良坏账大规模暴露和一批大型或中型骨干金融机构破产，导致日本经济、金融十分脆弱。在亚洲金融危机的冲击下，日本经济形势进一步恶化，1998 年第二季度日本经济增长为 0.8%，进入 50 年来最严重的经济衰退。由于金融机构恶性事件和丑闻频频发生，银行“惜贷”现象日趋严重，进而导致大量中小企业陷入经营困难甚至大批倒闭，经济形势进一步恶化。

亚洲金融危机也给中国香港带来巨大经济、金融动荡。在东南亚一系列货币失守以后，国际投机力量开始多次冲击港币。到 1998 年 7 月底，香港的股市和与利息密切相关的楼市价格已跌去 50%~60%。这么迅速而巨大的调整，对香港银行体系的压力是异常沉重的。如果股市楼市进一步大幅下调，银行势必大量抛售抵押资产，从而引起股市和地产市场的恶性抛售，一些中小银行可能面临倒闭，联系汇率制度的维持也将更加困难。1998 年 8 月，国际投机者再次集结大量资金冲击香港市场，发起第五次冲击。在中央政府的支持下，香港特区政府顶住压力，于恒生指数 6500 点入市，全力还击索罗斯为首的国际投机者，维护了香港地区的金融稳定[①]。

总体上看，危机发生后，东亚各国（地区）政府均采取紧急措施，或者拯救汇率，或者挽救房市楼市，或者努力维系金融体系的稳定。国际组织也在一定程度上对部分国家采取了援助措施。经过多方努力，亚洲金融危机到 1998 年年底基本结束。1999 年，东亚各国和地区的 GDP 开始由负转正，危机始发地泰国的经济增速也达到了 4.6%。

二、亚洲金融危机的原因分析

亚洲金融危机对东南亚各国经济造成了巨大影响。一是在放弃固定汇率带来货币大贬值以后，造成外债规模增加。二是进口成本加大，出口增长受阻。三是经济增速大幅下滑，国民财富大量损失。危机所到之处，股市债市暴跌，房地产市场泡沫破灭，货币急剧贬值，出现大规模的企业破产和银行倒闭现象。四是影响政局和社会稳定，给一些国家带来了政治社会风波。五是深刻影响了国际经济秩序和治理。基于“华盛顿共识”，国际货币基金组织为不同国家机械地提出相似的救援方案。在当时已经深陷经济危机的情况下，某些要求不仅不合时宜，反而使部分国家经济进一步紧缩。危机爆发后，许多东亚国家认识到，单靠国际货币基金组织这样的国际组织救助危机是不够的，加强地区金融合作是保持金融市场稳定、防止金融危机再度发生的有效途径。

造成危机的原因有外因和内因两个方面。

从外因看，一是遭到国际投机者的狙击，且针对不同国家和地区手法多样。二是 20 世纪 80 年代以后日本等发达国家资金的大量涌入，

---

① 国务院发展研究中心亚洲金融危机追踪研究小组：《1998 年亚洲金融危机追踪研究实录》，中国发展出版社，2019 年。魏加宁、杨光普：《两次国际金融危机的比较 基于中国的视角》，中国发展出版社，2021 年。

为东南亚国家的经济过热和泡沫经济提供了资金条件。三是发生危机的国家多采用与美元挂钩的盯住汇率制度，1985—1995 年，美元贬值，提高了挂钩国家的出口竞争力。但是自 1996 年以后，美元连续大幅走强，造成挂钩国家币值高估和经常项目恶化，只能靠资本项目来弥补。

从内因看，东亚国家在以往的高速发展中潜伏的矛盾才是本质问题。主要表现在：

第一，经济结构失调。发生危机的国家和地区几乎都是经济高速“起飞”的国家和地区，即发生所谓“亚洲奇迹”的国家和地区。这些发生奇迹的国家和地区尽管在短期内经济迅速增长，但也潜伏了问题和危机。在世界经济发生巨大变化，中国经济迅速崛起的情况下，东南亚各国却满足于过去的经济成长成就，对结构转型和产业升级的重要性迟迟没有认识，结果导致大量人力、物力、财力流入“泡沫经济”，对基础设施的投资严重不足，竞争优势急剧削弱，经济发展缺少后劲。

第二，发展战略失误。长期以来，一些东南亚国家一味追求经济增长速度，轻视增长质量。特别是进入 20 世纪 90 年代以后，一些国家的领导人盲目乐观，在赶超战略的指导下，人们的投资兴趣纷纷转向了金融业和房地产等更容易赚钱的领域，造成经济发展的不协调和经济泡沫。

第三，过度放宽金融管制。在条件还不成熟的情况下，过早地取消金融机构设立、存贷款利率及外汇的管制，全面放开资本市场和过早实施资本项目自由化，引进投机性很大的衍生金融工具，使本币自由兑换等，为国际投机者打开方便之门。

第四，引进外资政策失误。为了吸引外资，一些国家实行了高利率政策，诱发了货币投机。不少东南亚国家不仅过度依赖外资，而且引进外资的结构也不合理，短期外资偏多，且没有引导外资投向生产与基础设施领域，任其大量流向房地产和证券市场等高风险领域，一旦有风吹草动，这些热钱便大量流出。

韩国、日本的情况虽有所不同，但同样与发展模式和发展战略有关。

三、亚洲金融危机带来的启示

亚洲金融危机的发生、发展和应对，带给我们深刻的教训和启示。尽管危机已经过去 25 年，仍值得各国从中汲取经验教训。亚洲金融危机带来的启示主要有：

第一，经济失衡状态不可能长期持续，加快经济结构调整和发展方式转换是防范危机的根本之道。亚洲金融危机的根源是经济失衡。这种失衡既表现在国际商品和资本流动的失衡①，又表现为金融与实体经济发展背离的失衡和社会财富增长与社会阶层分离加剧的失衡。当东亚国家和地区产业结构转型升级受阻时，大量资金就会流向房地产和股票市场，形成资产泡沫。历史证明，这种泡沫状态是不可能长期持续的，市场或迟或早要对失衡进行调整。如果政府通过强力干预推迟这种调整，最终结果只能以危机这种破坏性极大的纠错机制实现再平衡。

对于我国来说，过去几十年依靠资金、劳动力和自然资源等生产要素的粗放投入实现的高增长，不仅带来了高排放、高污染和低效率的负面作用，而且形成了主要依靠投资拉动经济增长、过度依赖国外需求的增长方式。在粗放的增长模式下，我国经济结构的矛盾和问题

① 美国利用美元的特殊地位，通过长期贸易逆差和对外发行国债向全球透支，支撑其国内高消费和低储蓄的经济运行格局；而新兴经济体和中东等石油输出地区则以向美国出口廉价商品和能源换取的美元购买美国国债，为维系美国经济运行提供再融资，进而形成了依赖外需的发展模式和外向型生产结构。

日益突出。亚洲金融危机表明，以美国为主的发达经济体过度透支的消费模式已经不可持续。如果我们继续采用传统的经济发展方式，过剩的产能将无法被外部吸收，经济结构的问题将进一步恶化。因此，无论从应对国际金融危机的角度，还是从防范我国自身潜在风险甚至危机的角度来看，加快经济发展方式转变和经济结构转型，都是一项迫在眉睫的任务。需要下大决心和大力气，打破传统思维模式和固化的利益格局障碍，切实推动经济发展方式向绿色和可持续方向转变。

第二，金融体系的稳健性是经济金融安全的基石。用历史的眼光看，金融体系不健全往往导致系统性风险的积聚和暴露。同时，金融市场的发展也会带来新的监管问题。亚洲金融危机告诉我们，外部冲击虽然对亚洲部分国家和地区的金融危机产生了很大的推动作用，但根本原因却是这些国家（地区）经济的内在矛盾与缺陷。因此坚持从内部做好金融风险防范工作，是防治本国出现金融危机的关键。

一是要坚决防治经济发展中出现大面积的“金融泡沫”。重视总供求之间的动态平衡，着力化解金融风险。二是资本市场开放要与本国（地区）调控能力相一致。在金融调控能力尚不具备时，过早过快地开放资本账户，对外国资本买卖和经营本币不加任何约束，是亚洲国家（地区）发生金融危机的重要原因。当然，任何一个以市场为导向、强调发展市场经济的国家（地区）都不可能长期封闭资本账户，问题是什么时候放开，怎样放开和如何加强监管。三是金融机构的稳健经营具有特别重要的意义。东南亚发生金融危机的一个重要原因就是在经济繁荣的背景下，放任金融机构进行高风险经营活动，给自身埋下了风险隐患。四是要特别注意外资外债结构。外资外债结构不合理，长期直接投资过少，短期投资过多，本国对外负债依赖度过大，短期外债比重过大等是东亚国家爆发金融危机的重要原因。因此要坚决把住外资结构关，不因为本国资金短缺而盲目吸收外国短期资本大量流入。五是汇率制度要与经济发展的需要和可能相适应。亚洲金融危机爆发之前，多数国家和地区都选择了盯住美元的汇率制度，其好处是可以稳定汇率，有利于促进出口贸易。但是，实行盯住汇率需要一定的条件，如果不能满足这些条件，盯住汇率制度就是不可行的。

第三，亚洲金融危机带来的社会偏激思潮容易导致政府和民间的行为异化，对此不仅要引起足够的警惕，还要有应对之策。历史证明，社会思潮与经济利益密切相关。亚洲金融危机爆发后，贸易保护主义、民族主义和民粹主义三股社会思潮出现抬头之势。这些极端主义的社会思潮如果不能加以引导和克制，很容易形成气候并左右政策和民众行为，甚至导致难以预料、无法控制的局面出现，对此应保持充分的警惕。

第四，政府与市场关系处理失当是资源误配的重要原因，合理定位政府职能、减少不当干预应当成为下一步改革的重点。除了货币因素外，亚洲部分国家的政府未能很好地履行市场监管职能，纵容了过度投机和寻租行为，这种失误在一定程度上成为危机爆发的体制性原因。从亚洲金融危机的经验教训看，政府的干预应是有约束的，而且政府管理市场的重点应放在加强监管而不是配置资源上。

第五，社会保障体系是重要的稳定器，但要防止过度福利化带来新的风险。欧洲和亚洲部分国家的经验教训表明，如果过于追求高水平的福利制度，使得制度的维持成本高昂，一旦危机爆发，为应对危机而出台的财政刺激政策将使政府债务激增甚至演化为债务危机。当前我国的社会保障体系尚不完善，在发展和完善我国社会安全网的过程中，需要未雨绸缪，注意避免因福利水平过高和高福利制度的固化引发财政和社会风险。

四、有关政策建议

第一，应加快推进我国经济和发展方式的转型，夯实防范经济、金融危机的基础，提高应对危机的能力。要重点做好几个方面的工作：一是大力提升我国企业的技术创新能力，在新的工业革命中抢占技术高地；二是要加快推进绿色转型，借“双碳”机遇，抓紧研发绿色技术，推广绿色产品，推动企业节能减排降耗，建设零碳社区。推动可持续投资，引导企业和金融机构按照 ESG 评价标准实现可持续发展。三是在外部贸易环境恶化的情况下，加快推进高效规范、公平竞争、充分开放的全国统一大市场建设。发挥我国超大市场规模的优势，全面推动我国市场由大到强转变，拉动内需，把物流成本降下来，让负重前行的中国经济更加轻盈，更有活力。四是妥善处理新冠肺炎疫情防控和经济发展的关系，总结防控经验教训，提高防控措施的精准性和效率，尽可能减少对企业、产业链乃至经济发展的损害，尽快使我国经济重回中高速发展的轨道。

第二，要加快推进金融改革开放，提升防范金融风险的能力。当前我国金融领域仍存在较大风险隐患，一些中小银行包括大中型银行基层分支机构业务操作不规范，内控机制存在明显不足。另外，从全社会角度看，提高监管效率也非常重要。当前迫切要解决的，是如何在推动金融市场发展和提升中资金融机构国际竞争力的同时，提高金融监管能力，有效防范系统性金融风险。

第三，加强区域合作，继续推进国际货币多元化。亚洲金融危机 25 年后的今天，由美国引发的全球金融风险正在不断扩大，现有国际货币体系的弊端日益突出。尽管美国的经济实力已很难支撑美元原先的国际地位，但因美国具有独一无二的国际地位和科技、政治、军事实力，美国货币政策的变动仍会带来全球金融市场波动。而拥有大量美元储备的新兴经济体和发展中国家，承担了由美元导致的投资风险和货币贬值风险。因此，只有继续推进国际货币多元化，积极支持创立亚洲共同货币，才有可能防范和化解美元既是美国本币又是全球主要国际货币的风险。在数字货币广泛发展的今天，可以将亚洲数字共同货币作为亚洲未来合作的一个目标，同时应加强中国与亚洲其他国家和欧洲的经贸合作，稳健推进人民币国际化。

为下次全球性危机做好准备

管涛　付万丛

中银证券全球首席经济学家；中银证券宏观研究员

1997 年亚洲金融危机与历次金融危机相似，都是在危机爆发前，出现了前所未有的经济繁荣，相关政府都采取了放任自流的经济政策[①]。危机期间，危机国家及其他亚洲国家和地区大都遭遇货币贬值、资本外流、经济衰退、财富缩水等巨大损失。但是，“危机”既是“危险”也是“机遇”，倒逼亚洲地区进行了一系列重大结构调整和改革，最终顺利度过全球金融海啸、欧债危机和美联储削减恐慌的轮番冲击。同时，危机促使亚洲区域金融经贸合作进入实质性发展阶段。不过，国际货币体系的一些深层次矛盾依然存在，并且进一步暴露，这增加了全球性危机卷土重来的风险。我们需为此做好思想和措施上的准备。

一、亚洲金融危机促进国际货币体系变革

亚洲金融危机的表象因素是宏观经济结构失衡、货币期限双重错配、汇率僵化和早熟的金融自由化，更深层的因素是国际货币体系内在缺陷。亚洲金融危机从以下几方面促进了国际货币体系的改善：

汇率选择更加灵活。亚洲金融危机再次印证了金融开放与汇率僵化是危险的政策组合，引发了国际社会对于何为最优汇率选择的大讨论。国际货币基金组织一度认为，“完全固定”或“完全浮动”的汇

① 刘鹤：《两次全球大危机的比较研究》，《比较》2012 年第 5 期。

率制度较“有管理浮动”的中间汇率制度优越，即汇率制度只有“两极解”没有“中间解”的“中空理论”。但现实中，各种形式的“有管理浮动”给一些新兴经济体带来较高的经济增长、较低的汇率和物价波动，对加快贸易投资一体化起到了积极作用。国际货币基金组织（2011）不得不承认，不同的汇率制度各有其利弊，“中间解”亦有其优势，“两极解”并非最优[①]。这进一步巩固了最优汇率选择的国际共识，即没有一种汇率选择适合所有国家以及一个国家所有时期[②]。国际货币基金组织《汇率安排和汇兑限制年报》（AREAR）数据显示，同口径下，2021 年，有管理浮动和浮动汇率的弹性汇率安排占优，合计占到 87%（其中有管理浮动占比 54%）[③]。

金融开放更加谨慎。即便在拉美和苏东经济转轨中屡屡受挫，在美国的支持下，主张金融自由化、资本账户开放的“华盛顿共识”依然是万能药方。亚洲金融危机爆发前，国际货币基金组织曾考虑在 1997 年 10 月召开的香港年会上将其管辖权从经常账户扩大到资本账户可兑换，但危机爆发导致该项提议被无限期搁置。2008 年国际金融危机后，国际社会进一步反思资本管制的合理性。连一向对资本账户开放持积极态度的国际货币基金组织（2011）也开始转变立场，支持各国审慎渐进地开放资本账户，赞同采取宏观审慎管理措施（MPMs）和资本管制措施（CFMs）影响或管理跨境资本流动。国际清算银行（BIS，2018）也认同新兴市场的外汇干预有助于减缓外部条件对国内经济的影响，特别是对利率和资本流动波动的影响[④]。

---

① IMF，Develops Framework to Manage Capital Inflows，2011.

② Jefferey Frankel，No Single Currency Regimes is Right for All Countries or at All Times，NBER，1999.

③ IMF，Annual Report on Exchange Arrangements and Exchange Restrictions，2021.

④ BIS. Annual Economic Report 2018，2018.

区域合作趋于加强。危机时期，货币竞争性贬值和改革受制于人，部分源于亚洲地区缺乏协调。之后，亚洲国家痛定思痛。2000 年 5 月，东盟与中日韩财长签署了旨在建立区域性货币互换网络的《清迈倡议》，并于 2003 年 8 月通过了亚洲债券市场发展倡议（ABMI）。前者在 2008 年升级为清迈倡议多边化（CMIM）协议，催生了东亚外汇储备库，经历 2009 年和 2012 年两次扩张，总规模达到 2400 亿美元。后者旨在降低对银行融资的过度依赖，鼓励本币发债筹资，克服期限与货币错配造成的金融脆弱性。亚洲债券市场亦得到了快速发展。

宏观审慎受到重视。依赖“华盛顿共识”让亚洲国家栽了个大跟头，金融自由化和资本无序扩张酿成了国际金融危机。在汲取了多次教训后，全球范围内，加强宏观审慎管理的共识度提高。央行被赋予更多维护金融稳定的责任。针对历次银行业危机，巴塞尔银行监管委员会分别于 1999 年和 2010 年两次修改《巴塞尔协议》，不断完善银行资本管理，加强应对金融风险冲击的能力。2009 年，伦敦 G20 峰会将 G7 主导的金融稳定论坛（FSF）扩员改组为 G20 主导的金融稳定理事会（FSB），并使其成为全球金融监管改革的重要协调平台。

二、亚洲金融危机难以改变的“顽疾”

早在 20 世纪 70 年代，美国尼克松政府的财长康纳利就说过：“美元是我们的货币，却是你们的麻烦。”① 不少问题在“二战”后国际金融货币新秩序建立的时候就已经埋下伏笔。至今，国际货币体系仍存在“三大顽疾”。

一是仍未能摆脱美元周期。主要央行的货币政策都是以内为主，美联储自不例外。美元是全球储备货币，外国只能“奢望”美联储能

① “The dollar is our currency，but it's your problem”（John Connally，1971，G10 会议）.

公平扮演全球央行的角色。但现实中仍存在特里芬难题，即储备货币发行国无法在为世界提供流动性的同时确保币值的稳定[①]。美联储宽松货币政策推出时引发货币战争、退出时掀起缩减恐慌。20 世纪 80 年代拉丁美洲债务危机、1994 年墨西哥金融危机、1998 年亚洲金融危机、2008 年国际金融危机、2013 年缩减恐慌和 2018 年美联储货币正常化，无一例外让新兴经济体经济和金融遭受重创。2020 年新冠肺炎疫情应对又是“微笑美元”的历史重演。前期极度宽松的货币财政政策使得全球高通胀卷土重来，当前美联储的激进紧缩又让新兴市场和发展中国家身处困境。

二是依然深陷美元陷阱。新兴经济体存在货币不可自由使用的“原罪”，因此，需要持有一定规模的外汇储备。如前所述，危机五国在亚洲金融危机后积累了大量外汇储备，增强自保能力。自从布雷顿森林体系解体后，美国可以用几乎零成本的美元从贸易国家换取商品，让新兴市场成为美国的债权人，再引导这些国家将外储配置到美元资产上。同时，决定美元资产价格的主导权又掌握在美联储和美国政府手上，债权人和债务人之间的关系极不对等。贸易国家在“美元循环”中容易陷入持续顺差的陷阱，导致国内经济结构扭曲，同时还要向美国提供廉价融资，成为美国掌控的“人质”，时刻担忧美元贬值[②]。如果抛售手中所持有的美元资产，马上就会遭受资本损失；如果继续持有，未来可能将遭受更大的资本损失[③④]。然而，美国不仅不感谢亚洲国家的“慷慨”，反而诿过于人。伯南克（2016）就将美国次贷危机归咎于亚

① 周小川：《关于改革国际货币体系的思考》，中国政府网，2009 年 3 月 23 日。

② 张纯威：《美元本位、美元环流与美元陷阱》，《国际金融研究》2008 年第 6 期。

③ 余永定：《金融“武器化”的启示》，《中国经济周刊》，2022 年 5 月 15 日。

④ Paul Krugman，The Return of Depression Economics，W W Norton & Co Inc.，1999.

洲地区的过度储蓄，压低了美国长期利率，滋生了资产价格泡沫[①]。

三是美元嚣张霸权继续。2008 年危机以来，国际货币体系改革乏善可陈，美元仍占据主导地位。尽管美国在世界经济和商品贸易中的占比仅为 1/4 和 1/10，但全球美元储备份额仍有近六成、国际支付份额也有近四成。全球范围内，美元依旧是新兴市场的主要锚定货币，美国也仍是全球最终贷款人。新冠肺炎疫情期间，美联储更是将韩国、巴西、墨西哥等发展中国家央行加入临时货币互换协议，进一步绑定了其他国家对美元的依赖。另一方面，美国越来越不讲规则，对外制裁频繁将美元“武器化”。2022 年，乌克兰危机后，美国联合盟国，将俄罗斯重要金融机构踢出 SWIFT，冻结俄罗斯央行和商业机构外汇资产。一旦货币体系的参与者，特别是国际储备货币提供国不再讲信用，“按规则玩（play by rules）”的基本原则就会被彻底破坏[②]。

三、准备迎接下一次全球性危机来临

美元新周期正在孕育新的全球性金融危机。历次国际金融危机都离不开美联储货币政策松紧变动，全球资本流动或资产价格随之呈现“盛衰周期（boom-bust cycle）”的波动。前些年践行现代货币理论（MMT），美国无底线的财政货币刺激，终令高通胀卷土重来。在高物价、高杠杆、高股价“三座大山”之下，叠加新冠肺炎疫情持续冲击、地缘政治冲突风险加剧，包括美联储在内的主要央行集体转向、激进紧缩，政策稍有不慎就会引爆金融危机，重蹈经济滞胀覆辙。由于国际清偿能力约束和货币期限错配的“原罪”，新兴经济体处于更加不利的地位。2022 年 3 月，国际货币基金组织在其官网发文称，60% 的低收入国家可能具有债务风险；7 月，国际货币基金组织总裁格奥尔基耶

---

① 本·伯南克：《行动的勇气：金融危机及其余波回忆录》，中信出版社，2016 年。
② 余永定：《金融“武器化”的启示》，《中国经济周刊》，2022 年 5 月 15 日。

娃称，30% 的新兴市场国家已经或者接近发生债务危机。

美国挥霍霸权进一步置世界经济于险境。美国牵头主导了“二战”后全球经济治理，促进了战后世界经济繁荣和经济金融全球化。然而，随着发达经济体与新兴经济体，尤其是中美经济实力此消彼长；百年变局加速演进。长期低增长、低利率、实际负利率，让美国的贫富悬殊达到百年来的最高水平，国内民粹主义盛行，社会对立和政治分歧严重①②。在此背景下，美国政府逐渐从战后国际经济金融秩序的“缔造者”变成“搅局者”，合则用、不合则弃。尤其是近年来美国为遏制他国发展极限打压，挑起经贸摩擦，新冠肺炎疫情政治化，制造地缘政治事端，行政干预全球产业链供应链重构，等等。在全球化一体化的今天，危机必然是全球性的，任何国家都难以独善其身。2008 年国际金融危机应对时的大国互信合作一去不复返。在当今世界经济下行偏主导的情况下③，如果大国合作破裂、对峙升级，不要说事前防范危机，事中危机处置也是力有不逮。

四、对中国的相关政策建议

面对再度爆发全球金融危机的风险上升，中国需要在做好自己事情的同时，加强国际合作，共同防范化解危机，提高危机响应能力。

一是保持经济运行在合理区间。增长对中国来讲，既是经济问题，更是政治问题，要坚持发展是硬道理，用发展的办法解决前进中的问题。当前，中国要更加高效地统筹疫情防控和经济社会发展，保持经济循环畅通、产业链供应链稳定。在稳外贸稳外资的同时，纾困与改革措施并举，激发市场活力，有效扩大国内投资和消费需求，确保经

① 托马斯·皮凯蒂:《21 世纪资本论》，中信出版社，2014 年。

② 瑞·达里奥:《债务危机》，中信出版集团，2019 年。

③ IMF，World Economic Outlook，July 2022.

济运行在合理区间。统筹推进补齐短板和锻造长板，尽快解决一批“卡脖子”问题，增强产业链供应链自主可控能力，推动创新驱动的中国经济高质量发展。

二是实施健康的宏观经济政策。“天下没有免费的午餐”，西方践行现代货币理论的副作用已经显现。中国要恪守财政货币纪律，尽可能长时间地维持正常政策空间，避免“大水漫灌”，稳定人民币实际购买力，增强人民币资产的国际吸引力。建立现代财税金融体制，更好发挥财政在国家治理中的基础和重要支柱作用，增强金融服务实体经济能力。完善宏观经济治理，以财政政策和货币政策为主要手段，就业、产业、投资、消费、环保、区域等政策紧密配合，建立健全目标优化、分工合理、高效协同的宏观经济治理体系。

三是加强和改进跨境资本流动管理。早熟的金融开放缺乏配套制度和金融基础设施，往往会以危机收场。中国要稳慎推进金融开放和人民币国际化，坚持扩大开放与防范风险同研究、同部署。要处理好改革与开放的关系，积极又稳妥地推动制度型金融对外开放，构建与国际通行规则相衔接的制度体系和监管模式。完善对资本流入的宏微观审慎管理框架，运用包括托宾税之类的逆周期手段，鼓励长期资本，抑制短期资本流动。保持汇率灵活性，继续完善汇率市场化形成机制，增加汇率双向波动的弹性。健全开放安全保障体系，强化国际监管合作，加强跨境资本流动统计监测，提高开放条件下风险防控和应对能力。

四是继续深化区域经贸合作。全球经济治理是国际公共品。中国有能力也有责任为亚洲地区贸易开放、金融稳定提供这种公共品，以开放的、包容的区域多边主义，应对排他的、阵营化的多边主义。推动共建“一带一路”倡议高质量发展，推进战略、规划、机制对接，加强政策、规则、标准联通，推进沿线国家基础设施的互联互通，打造国际陆海贸易新通道。以“一带一路”、RCEP、命运共同体建设为抓手，深化国际产能合作，构筑互利共赢的产业链供应链合作体系，扩大双向贸易和投资。探索加入CPTPP和加快中日韩自由贸易协定谈判进程，稳步推进亚太自贸区建设。通过进一步密切与亚洲地区的经贸联系，吸收更多亚洲地区银行（包括中资在当地的子行、分行）成为CIPs会员，在亚洲地区设立境外人民币清算中心，结合双边货币互换协议，推动本币计价结算。

五是强化亚洲地区财经合作机制。《清迈倡议》的签署是亚洲国家加强区域财经合作里程碑式的成果，面对未来的挑战，应进一步提高区域财经合作的水平和效率，特别是要提高清迈倡议多边化（CMIM）的可用性。研究符合亚洲具体情况的贷款条件，进一步降低清迈倡议多边化与国际货币基金组织贷款条件的挂钩比例，启动东盟与中日韩外汇储备库实缴资本。推动清迈倡议多边化的实体化，提高10+3机制在国际场合的地位。研究在10+3框架下建立灾害管理基金，加强本地区的灾害风险监测及损失测算，激活灾害发生时的政策协调，维护区域供应链稳定，支持基本的卫生服务和货物服务贸易往来。推动建立10+3机制下的科学技术合作平台，整合包括政府、高校以及企业研究和发展中心的研究合作。研究推出“一篮子”货币作为亚洲地区货币锚，降低本地区汇率无序波动的风险。推动亚洲地区央行合作，加强跨境支付结算的金融设施建设。完善人民币双边和多边货币互换协议机制，健全以人民币为中心的亚洲金融安全网。

六是积极参与国际货币体系改革。面对国际货币体系的内在缺陷，超主权储备货币或是终极理想，国际货币体系多极化才是现实的次优选择。美元占主导地位的局面在短期内不会改变，只能通过国际货币体系的多极化，倒逼美国政策自律，并与各大经济体加强宏观政策协调。推动金融全球化基础设施的中立化和非政治化，约束二级制裁、长臂管辖。推动增加新兴市场国家的代表性和话语权。积极在绿色金融、数字经济等全球治理新领域发出中国声音、提供中国方案。

亚洲金融危机 25 周年：回顾与反思

熊爱宗

中国社会科学院世界经济与政治研究所副研究员、全球治理研究室副主任

1997 年亚洲爆发金融危机，至今已 25 周年。危机给亚洲经济带来巨大冲击，但也推动亚洲各国加强合作，区域经济一体化稳步提升。目前，在新冠肺炎疫情、乌克兰危机、美联储加速退出量化宽松政策的背景下，亚洲似乎面临着与 25 年前类似甚至更为恶劣的外部环境，但由于内部经济更为稳健、区域金融安排更为完善，今天的亚洲发生类似此前金融危机的可能性不大。不过，亚洲仍需进一步推动区域经济融合，完善财金合作机制，推动国际货币体系改革和完善全球金融治理，同时加强内部团结，降低外部政治因素对区域经济合作的影响，促进亚洲经济稳健增长。

一、今天的亚洲比 25 年前更为稳健

2022 年以来，美联储多次加息，收紧货币政策。这与 20 世纪 90 年代，美联储激进加息引发亚洲金融市场强烈波动如出一辙。但如今，亚洲国家汲取前车之鉴，不太可能重蹈 1997 年亚洲金融危机的覆辙。

一是亚洲各国普遍积累了足够的外汇储备应对外部风险。亚洲金融危机之后，以东亚为代表的新兴市场经济体积累了规模巨大的国际储备。据统计，2021 年东亚六国（印度尼西亚、韩国、马来西亚、菲律宾、泰国、越南）的国际储备接近 1.2 万亿美元，是 1997 年的 12.3 倍，其中越南是其 1997 年水平的 55 倍，韩国是其 1997 年水平的 22.6 倍，马来西亚增长最慢，也有其 1997 年的 5.4 倍。在这种情况下，外

债占储备的比例相比 1997 年也有大幅下降。东南亚多国已经从过去惨痛的经历中吸取了教训，完善了自身抵御金融风险的能力。

二是东南亚国家的经常账户状况明显好转。目前东南亚国家的经常账户状况相比 20 世纪 90 年代的水平明显好转，多数国家已由经常账户赤字转为经常账户盈余。如韩国、马来西亚等国家已经连续多年保持经常账户盈余。部分经济体虽仍保持经常账户赤字，但赤字率相比亚洲金融危机爆发前也有大幅度的下降。

三是区域金融救援机制的逐步完善。亚洲金融危机后，东亚（主要是东盟与中日韩）构建了一系列的地区金融机制。其中最具代表性的就是《清迈倡议》，并进一步发展为清迈倡议多边化。目前，清迈倡议多边化的规模为 2400 亿美元，与国际货币基金组织贷款安排脱钩资金使用比例已经提高至 40%，同时建有清迈倡议多边化稳定便利和预防性便利，成为东亚地区最重要的危机解决和危机预防机制，在一定程度上确保了东亚地区的金融稳定。为支持清迈倡议多边化的执行，2011 年 4 月，东盟与中日韩宏观经济研究办公室（AMRO）成立，随后从有限公司升级为国际组织。东亚自身监督力量的不断增强有利于降低对全球监督机制的依赖，也有利于更好地分析和监督本区域经济状况，为区域金融安全网发挥作用提供了强有力的支撑。

四是中日经济在亚洲地区的易位提升了亚洲经济的稳定性。亚洲金融危机爆发的根源之一是 1995 年日元的大幅贬值，导致日本银行业大幅缩减资产负债表，削减美元贷款敞口，造成大量国际资本流出亚洲，并引发亚洲货币竞相贬值。但和 25 年前相比，今天日本无论是对亚洲经贸的影响力，还是其在亚洲经济中的占比，都已经不可同日而语。2021 年，日本在东盟与中日韩国家中的经济占比已经从 1998 年的 66.5% 下降至 17.5%，而中国则相应从 19.5% 上升至 64.3%；2021

年日本在东盟与中日韩国家中的贸易占比也从 1998 年的 31.5% 下降至 10.1%，而中国则从 14% 上升至 44.6%。因此，尽管当前日元也出现对美元的持续大幅贬值，但考虑到其经济影响力的下降，不太可能再次引发亚洲金融波动。人民币对美元总体保持稳定，中国经济成为亚洲经济重要的稳定源。

二、亚洲金融危机对国际货币体系的影响

亚洲金融危机对亚洲经济带来严重冲击，但也推动亚洲加强区域经济合作力度，区域经济一体化程度进一步提高。更为重要的是，亚洲金融危机对国际货币体系演进带来深远影响。

一是金融危机催生了各国对外汇储备的需求。作为吸取金融危机的教训之一，同时也为了在下一次危机爆发时更好地应对，包括亚洲国家在内的新兴市场经济体普遍在亚洲金融危机之后加大了外汇储备的积累，以自我保险的形式应对潜在的金融冲击。根据国际货币基金组织的统计，2000 年之前全球外汇储备总额不足 2 万亿美元，至 2013 年已超过 11 万亿美元。此后，全球外汇储备增长虽有所放缓，2014—2016 年甚至连续 3 年出现下降，但到 2021 年仍达到 12.9 万亿美元。其中，东盟与中日韩的外汇储备从 1999 年的 6900 亿美元左右，到 2014 年已经超过 6.1 万亿美元，占到全球外汇储备的一半以上，增长 789.3%。此后有所下降，但到 2021 年仍超过 6 万亿美元。

二是长期来看对美元的国际货币地位带来一定的负面影响。20 世纪 90 年代中期开始，新兴和发展中经济体接连爆发危机，特别是亚洲金融危机的爆发导致国际社会对国际货币金融体系改革掀起新一轮的激烈讨论。作为国际货币金融体系的核心，美元的国际货币地位受到各国普遍的关注。亚洲金融危机之后，特别是伴随 2001 年欧元的诞生，美元的国际货币地位开始逐步下降。从美元储备占全球外汇储备的比例来看，亚洲金融危机爆发后的两年，美元储备的比例有所提升，2001 年达到 71.5%，相比亚洲金融危机爆发前的 1996 年上升近 10 个百分点。但自此之后，美元储备的比例一直不断下降，2008 年美国金融危机进一步暴露了美元体系的缺陷，至 2013 年美元储备的比例重新下降至 61.28%。此后，美元地位虽有所回升，但从 2020 年开始，美元储备的比例一直处于 60% 以下。亚洲金融危机虽然并不是决定美元地位的唯一事件，但作为众多危机中的一次，对于美元地位的影响无疑是非常重要的。

三是亚洲区域货币合作不断加强，从制度上降低对美元体系的依赖。亚洲国家在危机之后开始加强区域货币合作，以便为本地区经济和金融的稳定发展提供国际公共产品，亚洲自我提供公共产品的过程就是逐步降低对美元体系依赖的过程。为了确保区域金融稳定，2000 年 5 月，东盟与中日韩签署《清迈倡议》。但由于缺乏完善的监督机制，《清迈倡议》不得不依赖国际货币基金组织（IMF）的监督机制来防范道德风险。因此，最初《清迈倡议》下的资金与国际货币基金组织的贷款条件挂钩的比例高达 90%。此后，东亚国家不断推进“去 IMF 化”进程，特别是随着地区宏观经济监督机构——东盟与中日韩宏观经济研究办公室的建立与不断完善，《清迈倡议》与基金组织贷款条件挂钩的比例不断下降。2021 年 3 月，由东盟与中日韩财长和央行行长以及中国香港金融管理局总裁共同签署的清迈倡议多边化协议特别修订稿正式生效。此次修订的两个重要内容：一是在清迈倡议多边化协议中增加本币出资条款，即在美元计价贷款以外，成员可基于自愿和需求驱动原则，提供本币计价贷款；二是将清迈倡议多边化与国际货币基金组织贷款的脱钩比例从 30% 提高至 40%，这意味着东亚区域金融安排的独立性进一步增强。

四是积极完善全球金融治理。亚洲金融危机使得国际社会意识到，国际金融危机的解决除了需要西方发达国家外，还需要有影响的发展中国家参与。为此，1998 年 2 月，22 个国家和地区的代表在美国华盛顿集会，讨论有关亚洲金融危机问题，从而形成 22 国（地区）集团（G22），集团成员包括世界主要发达及发展中国家和地区，成为二十国集团较早的雏形。1999 年 12 月，二十国集团（G20）正式成立。2008 年美国金融危机爆发后，二十国集团正式提升为领导人峰会。除此之外，布雷顿森林机构特别是国际货币基金组织在亚洲金融危机中的表现，致使对其改革的呼声日益强烈。其中一个重要方面就是治理结构的改革，主要是提高发展中国家在国际金融中的地位和作用，使发达国家和发展中国家平等参与国际金融运行规则的制定。但治理结构的改革并不顺利，直到进入 21 世纪后才有所进展。2006—2008 年，国际货币基金组织通过一个“两年期”的治理结构改革方案，以提高新兴市场与发展中国家的投票权。2010 年 11 月，国际货币基金组织达成 2010 年的份额和投票权改革方案，这被认为是国际货币基金组织成立 65 年来最重要的治理改革方案，也是针对发展中国家最大的份额和投票权转移方案。但由于美国的阻挠，该方案在 2016 年 1 月才最终生效。

三、中国在亚洲金融危机及其后续中的作用

中国在亚洲金融危机中发挥了重要作用。

一是向受金融冲击的国家提供援助。1997 年 8 月，国际货币基金组织在东京召开会议，讨论解决泰国融资缺口问题。这次会议上中国决定向泰国提供 10 亿美元的援助，与其他国家一道向泰国提供的融资总额达到 127 亿美元[①]。亚洲金融危机期间，中国在国际货币基金组织

① IMF. Press Release：IMF Approves Stand-by Credit for Thailand. August 20，1997.

框架内或通过双边渠道向泰国等亚洲国家提供了总额超过 40 亿美元的援助，还向印度尼西亚等国提供了出口信贷和紧急无偿药品援助。[①]

二是坚持人民币不贬值，遏制亚洲国家货币竞争性贬值趋势。尽管亚洲金融危机给中国经济带来严重的负面冲击，但出于维护亚洲地区稳定的需要，中国宣布坚持人民币不贬值的政策。相比 1997 年，1998 年人民币对美元甚至略有升值。人民币对美元不贬值成功抑制了东亚货币对美元竞相贬值的趋势，有力地维护了国际投资者对亚洲经济的信心，对于稳定亚洲经济和世界经济发挥了关键作用。

三是积极推动亚洲财金合作。亚洲金融危机爆发后，中国一直以积极的态度与亚洲各国密切合作，共同推进亚洲财金合作。在 1998 年 12 月举行的第二次东盟与中日韩领导人会议上，中国提出在 10+3 框架内建立财政和央行对话机制，这成为东亚财金合作的重要平台。在此基础上，2000 年 5 月，东盟与中日韩共同签署《清迈倡议》，其中中国（包括大陆与香港）出资 32%。为进一步深化合作，增强区域危机自救能力，中国在 2003 年 10 月举行的东盟与中日韩领导人会议上首次提出“推动清迈倡议多边化”的倡议，得到与会领导人的积极响应。2010 年 3 月，清迈倡议多边化机制正式生效。这对深化本区域财金合作，特别是提高区域危机救助能力具有重要意义。同时，为支持东盟与中日韩地区强化机构能力建设和知识共享，进一步增强东盟与中日韩财金合作的凝聚力和向心力，2016 年，中国政府在东盟与中日韩宏观经济研究办公室设立规模为 300 万美元的中国技术援助信托基金，用于人员交流、业务培训、专题研究和组织研讨，帮助区域成员加强宏观经济监测能力，增强 AMRO 机构能力，有效维护区域宏观经

① Ministry of Foreign Affairs of the People's Republic of China. Pro-Active Policies by China in Response to Asian Financial Crisis.

济和金融稳定。2022 年，中国再次向 AMRO 中国技术援助信托基金捐资 300 万美元，以支持该机构增强对东盟与中日韩成员经济体的技援服务，更好地服务东盟与中日韩财金合作。为支持亚洲债券市场建设，在中国的积极推动下，东盟与中日韩和亚洲开发银行于 2010 年 11 月合作组建了“区域信用担保与投资基金”，该基金初始注册资本金为 7 亿美元，中国承诺出资 2 亿美元。区域信用担保与投资基金正式成立，对加快区域债券市场发展、提高本地区金融市场活力具有重要意义。

四、启示和政策建议

（一）进一步推动东亚区域经济融合

亚洲金融危机之后，东亚区域经济一体化快速发展。特别是 2022 年 1 月，区域全面经济伙伴关系协定正式生效，成为东亚经济一体化的重要里程碑。可在以下几个方面进一步推进东亚经济一体化建设：一是坚持东盟的中心地位。东盟是东亚地区主义与地区国际政治现实相互妥协的最佳选择，在东亚地区合作和一体化进程中发挥了中心作用。二是进一步密切中日韩合作。中日韩是东亚地区最大的 3 个经济体，三国的关系直接决定了东亚一体化进程的成败。应尽早完成中日韩自贸区谈判，早日建成更高标准的自贸区。三是加强现有东亚区域机制的合作。在继续发挥 10+3 合作机制主渠道的基础上，发挥其他合作机制如中日韩合作、10+1 合作以及大湄公河次区域经济合作（GMS）的优势和潜力，共同推动区域一体化进程。四是制定东亚经济一体化发展蓝图。制定 10+3 合作新的长期工作计划，为未来合作提供全面指导，注入新的动力。

（二）进一步推动东亚财金合作

受新冠肺炎疫情、乌克兰危机、美联储加息等事件的影响，世界经济的不确定性急速上升，东亚经济体面临的经济与金融形势日益严峻。面对金融风险的潜在冲击，可从以下几个方面进一步推动东亚财金合作。

第一，将清迈倡议多边化从多边货币互换机制发展为实际出资资金池。目前清迈倡议多边化的资金仍然来自各成员国的承诺出资，当一国申请金融救助时，资金仍然需要从其他成员国货币当局提取。从承诺出资发展成为实际出资将进一步显示东亚推动财金合作的决心，将向市场释放进一步推动东亚地区财金合作的信号，有利于维护东亚地区的经济与金融稳定。

第二，进一步完善清迈倡议多边化的贷款工具箱。为提高清迈倡议多边化对各国流动性需求的适应能力和使用效率，可考虑在清迈倡议多边化与国际货币基金组织脱钩部分建立紧急融资机制。该工具主要针对成员经济体受到外部冲击时出现的短期或临时性流动性短缺。这一工具可不预设贷款审查条件，初期额度可设置在清迈倡议多边化与国际货币基金组织 40% 的脱钩比例内。

第三，推动东盟与中日韩宏观经济研究办公室与清迈倡议多边化的机构性整合。可借助东盟与中日韩宏观经济研究办公室作为国际组织的基础，将清迈倡议多边化与东盟与中日韩宏观经济研究办公室进行合并。可参考亚洲基础设施投资银行（AIIB）的经验，将清迈倡议多边化执行决策机构改组为东盟与中日韩宏观经济研究办公室的非常驻董事会，负责清迈倡议多边化执行层面的问题；将清迈倡议多边化的部长级决策机构转变为东盟与中日韩宏观经济研究办公室的理事会，负责决定清迈倡议多边化的基础性问题，以及对东盟与中日韩宏观经济研究办公室实施战略监督，为东盟与中日韩宏观经济研究办公室制定政策方向。

第四，加强东亚区域金融安排与国际货币基金组织的合作。加强与国际货币基金组织的监督合作，有利于提升东盟与中日韩宏观经济研究办公室的监督能力，同时东盟与中日韩宏观经济研究办公室的进一步参与也有利于提升对于清迈倡议多边化资金使用的所有权。随着经验的逐步积累，东盟与中日韩宏观经济研究办公室及清迈倡议多边化可以提出自己的贷款条件，与国际货币基金组织进行共同救援。

（三）进一步推动国际货币体系改革，促进人民币国际化

亚洲金融危机以及随后爆发的历次危机，特别是近期乌克兰危机下美国对俄罗斯采取的全面金融制裁措施，令国际社会再次意识到美元作为国际货币的风险。这也为人民币等新兴市场货币的地位上升提供了机遇。随着东亚国家对人民币的认可度不断上升，未来可从 3 个方面继续发力。

第一，进一步促进人民币在东亚的计价结算货币职能。以区域全面经济伙伴关系协定生效为契机，推动中国—东盟实现更高程度的贸易投资自由化，进一步促进双边贸易投资发展，不断优化人民币在东盟国家的使用环境，促进更多东盟市场主体使用人民币进行跨境支付结算。

第二，进一步提升人民币投融资货币职能。进一步推动中国金融市场双向开放步伐，继续完善国际金融基础设施建设，优化境外投资者境内投资政策和流程，不断提升境外投资者投资人民币资产的便利度，推动更多的境外投资者投资人民币金融产品。发挥人民币债券市场作用，使区域内储蓄有效转化为投资，提高区域经济增长潜能。

第三，借助数字人民币试点先发优势，探索人民币跨境使用。

第二篇

危机中的亚洲
区域合作与政策协调

东亚金融合作 25 年的回顾与展望

余永定

中国社会科学院学部委员

首先谈一下亚洲金融危机，为什么会在泰国发生呢？有 3 条直接原因：第一，长期经常项目逆差，1990—1996 年泰国经常项目逆差占 GDP 的比重年均是 7%。第二，泰国过早实行了资本项目自由化，为了建设“曼谷国际银行业务中心”，泰国政府鼓励资本跨境流动，特别是资本流入。第三，实行固定汇率制度，名义上泰国是盯住“一篮子”货币，但在货币“篮子”中美元的权重极高，所以事实上是盯住美元。

泰国和美国的利差非常大，有时候高达 10%，大量的短期外资流入泰国，泰国政府形成了外汇储备充裕，国际收支不会有问题的错觉。而且由于统计数字滞后，政府对短期债务在 1995 年已经超过了外汇储备的状况茫然无知。但像索罗斯这样外国投机者却非常清楚地知道：泰国的外汇不足以支持泰铢，于是在 1996 年开始做空泰铢，抛售泰国金融资产。在这一过程中，泰国政府所犯的一个非常严重的错误是动用外汇储备保卫泰铢而不是让泰铢贬值。由于外汇储备损耗严重，到 1997 年 6 月，可以动用的外汇储备是 28 亿美元，而短期外债是 480 亿美元。实在撑不下去了，泰国中央银行于 1997 年 7 月 2 日宣布泰铢浮动。泰铢随即暴跌，大批泰国金融和非金融机构因美元债台高筑，无法还本付息，纷纷倒闭，泰国金融危机爆发。

泰国金融危机跟亚洲金融合作有什么关系呢？亚洲国家经济结构、国际收支结构、贸易结构、金融结构、财政货币政策都非常相似。于是就有了所谓的“羊群效应”“传染效应”。在东亚，尽管有些国家经济情况并不是那么糟糕，但一损俱损，也相继陷落，甚至日本和中国也受到了冲击。在这样的情况下，东亚国家首次产生了前所未有的强烈的命运共同体意识。东亚金融合作的意愿就是在这样一种命运共同体意识的基础上产生的。

过去25年中亚洲国家在区域金融合作方面到底做了些什么？

第一，1997年9月，日本政府提出了建立“亚洲货币基金”的主张。日本的解释是基金可以把分散在东亚各国的外汇储备集中起来，用以救援因缺乏外储而陷入危机的国家。为什么这样做呢？按道理，一个国家发生了金融危机，国际货币基金组织应该负责提供救助。但是亚洲金融危机爆发后，国际货币基金组织的救助资金来得太晚、太少，而且条件非常苛刻。日本的建议遭到美国和国际货币基金组织的强烈反对，有两条原因：（1）这是重复。（2）会产生道德风险。由于美国和国际货币基金组织反对，亚洲货币基金胎死腹中，这是第一件事。

第二，《清迈倡议》。2000年5月，东盟与中日韩在泰国清迈签订了《清迈倡议》。亚洲货币基金建不成，退而求其次，建立了一个双边货币互换网络。你需要外汇，你可以用你的本国货币和我交换；在规定时间内，你需要归还从我这里拿走的外汇，而我则会把你押在我这里的本国货币交还给你。注意，这是一个双边货币互换网络，不是一个金融机构。而且，在进行货币互换时还要遵守国际货币基金组织的一系列条件。我认为《清迈倡议》的诞生有非常重大的意义，它标志着亚洲货币合作新时代的开始。2009年，《清迈倡议》实现了多边化，把双边货币互换网络，扩充成一个外汇储备的资金池。这个资金池中的外汇储备总量是1200亿美元，后来又加到了2400亿美元。

第三，2002 年 12 月，东盟与中日韩签署了亚洲债券市场倡议，这是一个便利东盟与中日韩在本地区用本地货币发行债券的一种安排。比如日本国际协力银行发行用泰铢计价的公司债，融到泰铢之后，在泰国的日本公司可将泰铢用于在泰国的生产活动。亚洲债券市场倡议的主要目的是解决货币错配问题，不要借来的是美元（当然也要还美元），收入是泰铢，最后由于货币错配没法还债。发展亚洲债券市场还能够在一定程度上解决大家熟悉的所谓 overbanking 问题，减少对短期银行贷款的依赖。通过发行当地货币债券的方法来筹集资金意味着本地的钱用于本地，可以减少由于外部资金突然流出对本地造成的金融冲击。

根据亚洲开发银行的统计数字，2022 年 3 月，东亚新兴经济体本地货币债券市场的总量已经达到了 23.5 万亿美元。中国的人民币债券市场规模居亚洲债券市场之首，发行总量占地区债券总量的 79.9%。

第四，亚洲货币单位（Asian Currency Unit，ACU）倡议，所谓 ACU 是亚洲开发银行在 2005 年提出的，由东盟与中日韩各国货币构成的一个货币“篮子”。东盟与中日韩各国货币要盯住 ACU。通过盯住 ACU，东盟与中日韩各国中央银行可以稳定同其他成员国家之间的汇率，以避免竞争性贬值。同时，由于这个货币“篮子”对于美元、欧元和其他域外的货币是浮动的，在一定程度上可以使东亚国家避免固定汇率造成的难以根据国际收支状况调整汇率的问题。

为了推动 ACU 的落实，许多日本经济学家做了大量工作。他们提出的亚洲货币单位（Asian Monetary Unit，AMU）是具体落实 ACU 的一种尝试。他们计算了构成 AMU 的各种货币的权重，同时还提出了一个 AMU 偏离指数。以 AMU 所确定的各个国家的汇率为基准，测量各个国家现实中的汇率和这个基准汇率到底存在多大的偏离度。例如，根据 AMU 计算出人民币兑美元的汇率应该是 7 元人民币兑 1 美元，如果现实中人民币兑美元汇率是 8 元人民币兑 1 美元，就表明人民币汇率低估，应该升值。坦率来说，AMU 的设定一定程度上是希望给中国施加一点压力，让人民币升值的幅度大一些。当然这是一个纯粹的学术问题，没有什么更多的政治含义。

ACU 的提出在理论上具有重大意义。如果东亚国家之间的货币可以形成稳定的汇率，并最终把汇率永久固定下来，ACU 就成为创建区域共同货币的第一步。这实际上是在学习欧洲。欧洲国家先建立欧洲货币单位（ECU）汇率体系，最后形成单一货币欧元（Euro）。当时大家怀抱的希望是通过货币合作，最终形成亚洲共同货币——亚元。

最后谈一下亚洲货币合作的进展和趋势。总体来讲，在初期取得了比较大的进展，但在 2008 年国际金融危机爆发之后，亚洲金融合作逐渐失去动力。在一段时间里，东亚金融、货币合作似乎已经是一个被人遗忘的议题。造成这种状况的原因是多方面的，由于时间关系我不展开说明了。从根本上来说，在过去的 25 年里，全球的经济和地缘政治格局已经发生了重大变化。东亚金融合作的初衷和发展路径已经不能适应迅速变化的世界经济与政治格局。

例如，在亚洲金融危机爆发的时候，日本是亚洲经济中最大的经济体。2012 年中国的经济体量赶上了日本，现在中国的经济体量几乎是日本的 3 倍。当年日本在亚洲金融合作中的主导地位已经不复存在。由于过去 25 年中，特别是最近 5 年中，在全球和东亚出现了各种地缘政治上的分化和重组，人们也有理由问：东盟与中日韩是否依然像 25 年前那样能构成一个区域性利益共同体？

从操作层面上看，东亚地区所面临的问题与 25 年前相比也已经发生很大变化。亚洲金融合作的初衷是充分利用本地有限的外汇储备，对陷入危机的国家实施救援。但东亚地区已经成为“储蓄过剩”、外汇储备十分充裕的地区。

东亚地区本地货币债券市场发展迅速，但本地货币债券市场的发展更多是适应本国经济、金融发展的结果，同区域金融合作并无密切关系。中国的人民币债券市场已经成为世界第二大债券市场，但东亚国家发行的人民币债券（如熊猫债券）或中国发行的东盟国家货币债券数量有限。

东亚国家的汇率制度目前大部分是自由浮动。中国在 2015 年汇改后，实行盯住“一篮子”货币（CFETS）的浮动汇率制度。CFETS 同 ACU 基本不相干。

总之，当前东亚的域内和域外经济关系，东亚地区需要解决的经济、金融问题同当年相比，已经不可同日而语。肇始于 25 年前的亚洲区域金融合作已经不是东盟与中日韩政府议程上的重要话题。

作为小结，我想强调，是否应通过加强东亚地区的区域经济、金融合作，最终建立一个东亚经济共同体抑或应放弃这一意愿，从根本上说是一个政治决定，而不是经济决定。东盟与中日韩在地理上是近邻，在经济上是全球产业链上的重要节点，尽管斗转星移、沧海桑田，实现区域经济一体化的经济基础依然存在。面对新的地缘政治现实，为了东亚地区的繁荣，东亚国家应该看得更加长远，应该努力深化——而不是放弃——始于 25 年前的区域金融合作。

危机后的发展与合作

赫里萨尔 · 阿兹里

马来西亚战略与国际问题研究所所长

我发言的关注点在于马来西亚的经验，以及马来西亚如何和东盟的邻国互联互通进行合作，以应对亚洲金融危机。

首先，我要讲讲危机的影响，以及马来西亚的应对；其次，说明马来西亚如何与其他国家合作应对危机的影响；最后，我觉得最重要的一部分，是危机如何改变一个国家，包括治理制度以及机构。我们要进一步考虑各国要如何合作，就必须理解这些变化如何影响这些国家，来确保这些国家能够合作。因为不同的国家会有不同的影响，我们必须要理解这些国家的现状。

一是金融危机对马来西亚的影响以及马来西亚的应对。在马来西亚现代经济史上，我们应对了很多经济危机，最早的经济危机与大宗商品相关，从 20 世纪 60 年代的大宗商品危机开始，然后是 1973—1974 年的石油危机，1985—1986 年美国加息引起的石油危机，1997—1998 年的金融危机，2008—2009 年的金融危机，最近的一次是 2020 年的新冠肺炎疫情危机。所有这些在马来西亚独立以来 65 年经历的危机中，1997 年的亚洲金融危机可以说是最严重的，对马来西亚的影响也是最大的。1997 年的亚洲金融危机对马来西亚的经济产生了深远的影响，完全地改变了马来西亚经济发展的轨迹。

除此之外，亚洲金融危机也带来了很多长期的对政治制度的影响。马来西亚在 20 世纪 90 年代危机之前，金融市场逐步放开，有很多的资本流入和相关投资资本投入，这使得马来西亚 20 世纪 90 年代的金融环境非常动荡。1997 年 5 月，我们经历了投机的压力，马来西亚林吉特也受到了影响。我们放松监管以及资本流出，但是我们国内银行的外债暴露还是比较小的，尤其是和泰国、印度尼西亚这样的国家相比。这使得我们在危机之前宏观的基本面还是比较强的，也就是和很多亚洲国家相比，我们的金融传染性还是比较低。这使得马来西亚的政策制定者有更多的时间来选择是像韩国和泰国那样向国际货币基金组织求助，还是采取资本控制和固定林吉特汇率。出于对国内与新经济政策（NEP）有关的担忧，包括对在国际货币基金组织贷款条件下维持基于种族的配额（race-based quotas）的可行性的担忧，他们选择了后者。

我们对短期的资本流动进行了资本管制，为汇率与美元挂钩并推行扩张性财政和货币政策提供了空间，制止了短期的资本外流，而且暂时稳住了国内的金融体系。随后，我们的政府也逐步放松这些限制，包括林吉特的盯住制度，在实施扩张性财政和货币政策的同时，政府还推出了一项银行业限制和恢复计划，以管理不良贷款，同时对马来西亚的银行业进行资本重组。我们采取的措施是多方面的，马来西亚的 GDP 在 1998 年严重收缩，年度经济增长再也没有回到危机前的水平。失业率从 1997 年的 2.6% 增长到 1998 年的 5% 以上。据估计，有超过 83000 名工人被裁减。吉隆坡股市在 1997 年下跌了 50%，大约 2250 亿美元的市值一夜蒸发，导致坏账严重上升。

马来西亚如何与其他国家合作呢？对于马来西亚和其他东南亚国家来说，这次危机使他们认识到必须要进行区域的货币和财政政策合作。在危机中，马来西亚在推动东盟领导人与中国、日本和韩国领导人举行第一次非正式会议方面发挥了关键作用，两次非正式会议分别在 1997 年 12 月和 1998 年 12 月举办。随着稳定措施开始生效，这些国家也在 1999 年 12 月的峰会上决定建立一个区域的对话峰会，维护本地区金融系统的稳定。这个会议建立了一些机制，比如说东盟与中日韩的经济和政策对话，并且建立了财长之间的对话机制来支持联合的全球区域监测，也为更加正式的东盟与中日韩财长和副首会议创造了条件。

《清迈倡议》之前大家已经提到很多了，2011 年 5 月建立了东盟与中日韩宏观经济研究办公室（AMRO）。在区域全球监测单位当中，这样的一个区域机构能够很好地监测区域的稳定，来实施《清迈倡议》，并且提供技术协助。另外，AMRO 已经在 2016 年 2 月成为正式的国际组织。《清迈倡议》在东盟 10 个成员国及中日韩之间第一次建立了本币互换机制，中国香港也在 2009 年 5 月加入。我们也通过东盟发展银行方面来应对区域的短期流动性问题。这种双边互换安排以回购协议的形式向有国际收支困难的国家提供美元与借款国国内货币互换。尽管对国际货币基金组织不满意，但互换机制还是与国际货币基金组织的条件挂钩。

二是我想谈谈危机如何改变各国在国际上的表现。这主要体现在各国敏感度的增长，以及各国机构的成熟性。我相信危机也使一些国家朝着某一个方向前进，在马来西亚的案例当中，亚洲金融危机使得马来西亚实现更多的民主化，并且促进机构和制度的完善。

三是所有国家在危机之后都改变了他们的模式，包括与邻国等其他国家的合作方式，这是非常重要的。我们一直在讨论 1997 年亚洲金融危机之前的情况，很多东南亚国家有很多共同点，比如高债务、制度和机构比较弱。亚洲金融危机 25 年之后，我们也知道这些国家的现状，因此我们需要帮助他们来促进机构和制度的完善，以及提高民主化程度，帮助他们取得更大的进展。为什么这个问题非常重要呢？因为它能够定义这些国家再次发生危机之时会如何应对。如果机构和制度的发展在两个国家之间有很大的差异，那么我觉得在东南亚地区这会是一个根本性的问题，使得这些国家很难一起合作，无法稳妥地应对任何危机。

共建亚洲数字共同货币

高桥亘

大阪经济大学教授，日本银行金融研究所原所长

首先，我要说明过去 25 年的政策转变。其实在 1997 年以及 2008 年国际金融危机之后，金融政策的转变是很大的。其次，我想说明亚洲金融合作取得的一些成就。最后，我想说一下亚洲数字共同货币（ADCC），这是我们未来国际合作的一个目标。它不是像欧元一样的货币，而是像一揽子的政策，ADCC 实际上也是当下热烈讨论的话题。

先说一下 1997 年亚洲金融危机之后的政策转变。其实亚洲金融危机从某种意义上来说是 2008 年国际金融危机的演练或者前奏，当时我们也看到了这样的金融周期，不管是私营部门还是公共部门，私营部门的债台高企，还有高杠杆率都是一些诱因。另外，1997 年的亚洲金融危机和 2008 年的国际金融危机之间有共同点也有不同点。在 2008 年国际金融危机之后，有一些过度宽松的政策，但 1997 年亚洲金融危机后，通常都是比较收紧的货币政策和财政政策，这些国家在这些方面其实做了非常多的努力。这就是 1997 年亚洲金融危机和 2008 年国际金融危机之间最大的一个不同点。2008 年之后，我们也需要很长时间来应对财政赤字造成的问题，这些问题需要我们在未来严肃考虑。

另外，再看一下货币政策在过去的 25 年当中发生了什么样的转变。首先是经济周期，经济周期跟金融周期有很大的相关性，我们会看到泡沫的累积、破裂，再回到之前的紧缩政策等。货币政策也是为了应对金融危机而进行的应对和转变，我们看到了量化宽松（QE）这

些刺激流动性的政策，看到了流动性危机之后需要做的一些修复政策，还看到了一些不可分割的因素，比如说价格的稳定性以及金融的稳定性。因为很多时候价格高企对金融的稳定性会造成很大的影响。还有比较审慎的宏观政策，进行资本控制或者对于银行借贷的控制等，都是我们看到的一些政策转向。

1997 年亚洲金融危机之后，有一些对于美元依赖度的重新考量。当然，美元的依赖性到现在还是比较重要的一个因素，但是我们必须要采取措施来支持现在的美元体系。那么如何在这两者之间达成平衡？一方面是支持现在的美元体系，另一方面是如何不过度依赖美元。在发达国家，2002 年于纽约成立持续联系结算银行（Continuous Linked Settlement Bank，CLS Bank），以消除外汇风险。如果没有持续联系结算银行，2008 年的危机将具有更大的破坏性。

过去 25 年，我们应对和反思亚洲金融危机取得了一些成果。比如《清迈倡议》，亚洲债券市场发展倡议，以及东亚及太平洋地区中央银行行长会议组织（EMEAP）提议的亚洲债券基金等，这些都是一些非常具体的机构性的措施和结果。另外，东盟与中日韩是现在已经建立的一个讨论如何在区域间进行合作协调的国际论坛。

我也非常希望东盟与中日韩可以继续提高自己的国际地位，比如说欧盟是 G20 的官方成员，可为什么东盟与中日韩不是呢？所以我们觉得在一些国际场合、国际论坛、国际会议上，应当不断地提高东盟与中日韩的地位，尤其是在当下以美元为主导的体系背景之下，一定要强化我们区域的国际地位。

再说一下未来的挑战。根据我工作的经验，我觉得要建立一个国际货币作为国际公共产品。为什么要建立这样一个体系？就像我刚才说的，在多边体系之下这是一个非常重要的措施，或者说控制措施。

因此，我们提出 ADCC，ADCC 就是亚洲数字共同货币。这也是我们可以考虑的未来国际合作的一个项目。

再跟大家说一下 ADCC 的发行流程。关于共同货币，过去的 25 年来一直都在讨论，讨论在亚洲是不是也可以有数字共同货币。因为是数字货币，所以我们就不需要真的去印钞，这是它的一个特点。首先我们必须要保证货币政策的独立性，这是非常重要的。这是一个很简单的体系，我们可以在成本较低的情况下做到。成员经济体也已经有了自己的央行数字货币，所以在亚洲数字共同货币方面，我觉得并不是一个特别难的事情。

其次，ADCC 的发行需要一个负责高层管理的国际管理机构，也需要有 ADCC 债券来支持 ADCC 数字共同货币。通过这样的方式，我们也可以降低“一篮子”货币的外汇风险，而且还可以更好地管理多边体系、多边框架之下每一个国家可能会遇到的挑战。有了 ADCC 债券，我们就可以扩大亚洲的资本市场，也就是债券市场，就可以在亚洲国家之间作为国际公共产品来使用，我认为这对于未来的亚洲金融合作有很重要的意义。

说到共同货币，中国明代的永乐通宝实际上在当时的日本、韩国和整个东亚都是广泛流通的。所以 15 世纪到 17 世纪早期，永乐通宝对于日本人来讲并不陌生，现在它也存在日本的央行博物馆中。日元上面写的汉字“圆”和中文汉字的“圆”其实是一样的，我们有共同的文化基因和文化根基。所以我特别希望能够在东亚地区，在亚洲地区有共同的数字货币。

深化区域合作，共同应对新兴风险

艾卡思

世界银行东亚太平洋地区宏观经济、贸易与投资局副局长

之前各位嘉宾都已经谈到了 1997 年亚洲金融危机的前世今生，以及它的背景和原因。我想说一下 1997 年亚洲金融危机之后我们采取了什么样的措施来应对这个挑战，以及未来将面临的挑战。主要有 3 点。

第一，在国家层面提高我们的韧性。我们通常说“危中有机，机中有危”，所以我们要讨论如何从危机中吸取一些经验和教训，来提高我们的韧性，更好地提高财务表现，更好地进行国家和金融体系的治理，提升货币体系的强健性。

如果我们今天看一下亚洲各国，在企业和银行部门扩大规模以应对公共债务激增之后，政府采取了整合财政账户的措施，如今债务水平相对可控，只有极少数例外，这主要是由于强劲的增长和保守的财政政策，这也是亚洲国家在金融危机之后普遍采取的一种模式。在货币政策方面很多国家都已经从外部汇率转向通胀目标，这反过来使得汇率制度更加灵活，整个地区的银行制度也更加完善。虽然新冠肺炎疫情影响了银行的资产质量，但是总的来说银行的资本水平还是非常高的，能够抵御冲击。同时，正如之前的发言者所提到的，本币的债务市场在过去 25 年也有深化，现在亚洲开发银行的数据负债率是超过了 GDP 的 120%，显然能够更好地动员信用融资。也就是说，绝大多数亚洲国家的政府和企业债务，在币种错配方面都有了很大的改善，其也是亚洲金融危机的一个重要起因。

从外部来讲，我们看到绝大多数亚洲新兴市场国家都有经常账户的盈余。近年来，外汇储备也上升至 7 万亿美元，能够提供充足的外部缓冲，并且增强信心。

第二，除了这些国家层面的改善，宏观经济管理框架的措施，以及区域金融韧性复苏的合作措施也得到了加强。在过去 25 年中，我们不仅从亚洲金融危机中吸取了教训，而且还从后来的金融危机中吸取了教训，采取补充措施来加强全球金融架构。整个地区建立了更加强健的区域安全网络，以《清迈倡议》为基础，还有其他的一些货币安排。亚洲地区的主要经济体都可以依赖一个多边的流动性支持。考虑到区内贸易不断增加，这些区域协定提供了一种非常重要的机制，以确保充裕的流动性。有了更加强劲的经济和金融基本面，绝大多数国家也就有更加安全的区域网络，能够更好地抵御全球未来金融和经济波动性的风险。事实上我想说，它们降低了金融危机的风险。

第三，虽然亚洲地区对于金融冲击的韧性在过去 25 年有所改善，但是亚洲现在会面临新兴的风险，尤其是气候变化的风险。本地区绝大部分的人口以及经济基础设施都受到气候风险的影响。政府和银行的资产负债表对于化石燃料都有很高的披露，可能会增加资产搁浅的风险。因此，我们应该扩大经济韧性的定义，将这些实体和转型的风险纳入在内，并且要理解它们会如何影响增长，以及如何影响区域的金融稳定。这需要成为更加重要的一个考量因素。这个挑战是共同的挑战，因此我们需要更加深化区域合作。

中国的大国责任是亚洲区域稳定的基础

郑永年

香港中文大学（深圳）教授、前海国际事务研究院院长

亚洲金融危机 25 周年，我想就危机的经验教训谈一谈我个人的理解。

前面的演讲者大部分都是经济学家，我自己不是经济学家，但是我想从政治学、政治政策的角度谈几点看法。

刚才日本的高桥亘先生提出要从国际公共品的角度来回顾亚洲金融危机，我觉得这是非常有意义的。1996 年年底、1997 年我刚刚到新加坡，就赶上了亚洲金融危机。亚洲金融危机从泰国发生，蔓延到东南亚各国，对东南亚国家的影响是非常深刻的。尤其是印度尼西亚，几乎是一夜之间就失去了几十年建设的成就。所以，如果不加以管控，金融危机的伤害力度是非常大的。

从国际公共品的角度看，我们亚洲国家从亚洲金融危机过去以后基本上发展情况还是不错的。发展不错有几个条件。第一个条件，大国如何跟小国合作，提供足够的、好的国际公共品，同时减少产生坏的国际公共品。好的国际公共品，如自由贸易、开放包容的多边主义、国家间的良性竞争。坏的公共品，就像军备竞赛、公共卫生危机、气候变迁等问题。从这个角度来说，1997 年、1998 年亚洲金融危机的应对过程中中国扮演了一个极为重要的角色。从泰铢贬值以后，亚洲各个国家货币竞相贬值，中国政府坚持人民币不贬值，对当时的亚洲金融起到了巨大的稳定作用。至少在新加坡，当时很多人讨论时都觉得

中国确实是扮演了一个大国责任的角色。人民币不贬值这件事情本身就成了好的国际公共品。

我想说的第一点是，如果我们亚洲国家以前的成功是这样造就的，那么如何走向未来呢？关键在于大国要发挥它的领导力，这个领导力主要表现在大国要带头提供更多的、好的国际公共品。根据国际公共品理论，小国在国际公共品提供方面，往往倾向于“搭便车”。因为小国没有能力提供公共品，即使它有能力提供公共品，也不能提供足够的公共品。因此，大国一定要扮演一个领导角色，不仅仅是提供足够的、好的国际公共品，还要减少坏的国际公共品。这就是大国的领导力。领导力这一因素非常重要。

第二点是，如何提供足够的区域国际公共品。我觉得是要践行开放、包容、不以第三国为目标的、为了解决大家共同面对的问题的多边主义。这是非常重要的。

实际上，在亚洲金融危机以后，中国跟东盟开始了自由贸易谈判。中日韩跟东盟形成的 3 个 10+1，也是开放的多边主义，因为在此基础之上，最后形成了东盟与中日韩的多边框架。我觉得也是一种开放的、包容的多边主义。近年来我们发展的区域全面经济伙伴关系协定，也是包容性的。中国 2021 年已经提出了要加入 CPTPP。希望这也是一个开发包容的组织。中国近几年的亚洲基础设施投资银行，“一带一路”倡议，甚至金砖国家，都是为了解决参与国所共同面临的问题，而不是针对任何另外一个大国的。这种多边主义跟区域主义、全球化，都是相向而行的。这样的多边主义，我们叫作真正的多边主义，这是好的多边主义。

有些多边主义是坏的多边主义。比如说有些国家搞一些团团伙伙，这样的多边主义是针对第三国的，是为了打压第三国的，是排他性的多边主义。尽管这种多边主义也是多边主义，但这个可以称为坏的公共品，而不是好的公共品。如果这样去理解，亚洲显然需要更多好的多边主义，而要尽量减少坏的多边主义。很显然，在这个方面我们今天面临着不同的选择。我们也受域外大国的影响，域外大国使我们亚洲国家更整合了还是趋于分裂了呢？这是我们需要考虑的问题。

最后一点，是有关政治信任问题。大家都在讲金融经济方面的合作，但是无论怎样的经济金融合作都需要一个政治大环境。亚洲国家在中国改革开放以后，尽管发生了 1997 年、1998 年亚洲金融危机，甚至 2007 年、2008 年国际金融危机，但是亚洲国家在过去的数十年里，基本上是世界上最稳定、和平发展的区域。尽管部分亚洲国家之间有一些矛盾，但是这些国家还是有效地管控了冲突，为经贸发展提供了一个比较好的政治环境。

我觉得现在有个很大的问题。亚洲国家过去持续了三四十年的和平环境，是不是还能持续下去呢？近年来中美之间的互动令人担忧，也就是美国从特朗普政府开始跟中国的贸易冲突，负面影响很大。东盟国家现在基本上处于比较两难的时候。如果中美两国政治上比较合作，东盟不用做选择。因为东盟国家跟美国的安全关系、跟中国的经贸关系都是很紧密的，让东盟国家做选择是非常困难的。在这样的情况下，中国作为一个区域大国，确确实实需要在这些方面担负一个大国的责任。如果美国要求这些东盟国家选择，并迫使它们跟美国站在一起的时候，中国不应当学美国去迫使这些国家做选择，而是要坚持以往的开放包容的多边主义，这是个正确的发展方向。

这个方向也是有基础的。2022 年的香格里拉对话会期间，印度尼西亚方就提出来，东盟国家处理跟中国的关系要用“亚洲的方法”，而不是用美国的方法。这是一个好的趋势，中国也要抓住这个好的趋势。

大国对提供国际公共品是非常重要的，中国、印度尼西亚等大国要加强合作，加强多方面的政治沟通。政治信任对经贸合作是非常关键的。有了政治信任点，经济上、经贸上、技术上的安排就比较容易。但如果基本的政治信任没有，或者很低，其他方面就难以开展。

中国在亚洲金融危机里面通过人民币不贬值担起了大国责任。今天，中国更应该在亚洲区域承担更多的国际责任。中国发展到今天也有能力这么做。我们要有一个大国的意识，大国意识不光是力量的问题，主要表现在它的大国责任、大国领导力等方面。中国的大国责任是亚洲区域稳定的基础。

区域合作需要领头羊

胡祖六

春华资本集团创始人、董事长兼 CEO

对于亚洲金融危机期间，亚洲国家之间和亚洲与国际金融机构之间的合作及其结果，我认为基本上是成功的、值得认可与肯定的。

亚洲金融危机爆发之后，以国际货币基金组织为代表的国际金融机构在第一时间做出了迅速反应，派出专家组到亚洲金融危机国进行实地考察，收集宏观数据，尤其是短期的外债数据。专家组还分析了金融市场的动态，探讨汇率稳定的方案，并对宏观政策进行磋商。国际社会还启动了“二战”以来最大规模的国际金融大援助，总规模达 1250 亿美元，其中国际货币基金组织占了 1/3。其他的多边机构，例如世界银行、亚洲开发银行，以及日本、中国等国对泰国、印度尼西亚、韩国 3 个重灾区及其他亚洲国家进行了紧急的流动性支持，以协助危机国家稳定汇率，改善外债偿还能力，稳定国内外市场的信心，缓解资本外逃的压力。国际金融机构还及时推进了受援国银行体系重组等一系列结构性的改革。

尽管当时对于国际货币基金组织牵头的危机处置方案有很多争议，比如说是先通过加息和流动性支持来稳定汇率和金融体系，还是先确保国内总需求比如实体经济，或者说是否应该像马来西亚一样立即实行资本与外汇管制，即克鲁格曼倡导的 planB 等。孰重孰轻、孰前孰后，在当初和现在都备受争议，但是无论如何，危机基本上在比较短的时间内就相对平息了。韩国、印度尼西亚和泰国是受冲击最大的 3

个国家，经济一度严重萎缩，但随后也都逐步走向稳定和复苏。尤其是韩国，当时金大中总统锐意改革，在银行及财团的重组方面，还有整个市场的结构改革方面的力度最大、速度最快。所以，尽管 1998 年韩国 GDP 萎缩了 5% 以上，但是很快出现了 V 形强劲反弹，1999 年 GDP 增长就高达 11.5%。

区域合作需要本地区的长效机制，也需要领头羊，需要有国家来牵头。后来发生的欧洲主权债务危机中，有欧洲央行和欧洲各方面的协调组织，包括银行监管。尤其是德国在默克尔总理领导下，发挥了作为欧元区重要国家的公信力和影响力。

回顾亚洲金融危机，当初区域内的金融合作和稳定机制是不存在的。亚洲国家完全依赖国际货币基金组织等国际组织的救援。在区域内，日本当时是亚洲最大的经济体，是对东盟地区最大的直接投资国，也是最大的债权国。日本政府当时很积极，也非常有意愿牵头协调，并最先提出了亚洲货币单位（AMU）。遗憾的是，日本自身也面临国内的金融危机，当时日本有很多证券公司和银行倒闭，消费税的引进，进一步导致经济严重不景气。同时，日本在亚洲金融体系里的实力和影响力不够强，处处受制于美国。当时美国非常打压日本所提出来的 AMU 提议，现在看来可能是错误。我非常支持 AMU，也支持现在的亚洲共同货币，刚才日本教授也提出这个设想。

中国那时候还是新兴市场国家，经济规模不到 1 万亿美元，与东盟的贸易规模也远在日本和美国之后。当初只有老挝的第一大贸易伙伴是中国，其他东南亚国家的重要贸易伙伴基本都是日本。中国对东盟的直接投资累计也不到 10 亿美元，远远落后于美国和日本。美国在亚洲金融危机中，很自然地扮演了领头羊的角色。可能在座的朋友都还记得，《时代》杂志的封面当初有一个三人像，艾伦·格林斯潘、罗伯特·鲁宾、劳伦斯·萨默斯，他们被称为世界经济的“救世主”，可见当时美国在处理危机中的影响力和地位。

中国在亚洲金融危机中发挥了积极的、主动的、重要的作用。首先，中国对泰国、印度尼西亚、菲律宾等危机国家提供了40亿美元的经济援助，考虑到中国当时的经济规模和金融实力非常有限，这个额度是非常高的。其次，在面临亚洲货币危机，包括日元大幅贬值，给中国的出口带来严峻竞争压力的情况下，中国政府高瞻远瞩坚持人民币不贬值，自始至终，不搞以邻为壑的狭隘政策，展现了大国的风范和智慧。最后，最重要的是，中国及时出台了扩张性的财政政策，尤其是市场化改革的结构性政策，刺激内需，保持了较高的GDP增长，使中国成为风雨飘摇中亚洲的避风港和增长引擎。

劳伦斯·萨默斯是个苛刻的人，他对日本等国家都持非常批评的态度，但是他对当时中国政府的政策，尤其是在亚洲金融危机中的表现非常赞赏。在亚洲金融危机之前，中国的经济结构脆弱，国企效率低下，亏损严重；银行不良资产高企，风险管理内控很薄弱；民营经济和外商企业也刚刚起步，国际上很多经济学家包括克鲁格曼都认为中国或迟或早会发生一场严重的金融危机。亚洲金融危机发生了，对于亚洲邻国是不幸的，但是中国没有付出高昂的学费，却上了深刻的一课。中国领导人利用亚洲金融危机给国内敲响了警钟，以此为战略契机启动了全方位国企改革和银行改革，并积极扩大开放，引进外资，推动准备加入世界贸易组织，为中国崛起成为今天的世界工厂、全球最大的制造业基地、最大的出口国、最大的贸易国和全球最大的外汇储备国，奠定了坚实的基础。

最后，回顾亚洲金融危机，当初的国际大环境也非常有利。当时美苏冷战刚结束不到5年，正是全球化空前的加速期。那时候美国、日本、中国 3 个大国之间也没有严重的意识形态冲突，所以能够团结一致，协调合作，共同应对危机。我认为这是危机中区域合作与协调的基础。很遗憾的是，众所周知这个环境现在已经发生根本性的逆转。如今地缘政治急剧恶化，中美全面竞争冲突加剧。如果亚洲在未来 5~10 年之间再发生重大的金融危机，中美日和国际货币基金组织等国际机构能否像 1997 年那样继续发挥主导作用？中国现在的 GDP、股市规模、债市规模都已经远远超过了当时的美国，是亚洲几乎所有经济体，包括日本、韩国、东盟十国最大的贸易伙伴。中国在区域里的经济实力和金融实力比 25 年前大幅提高。可以说中国有了经济实力，但问题是中国是否能够和日本、韩国、东盟一起，发起建设区域间的金融稳定和合作机制，比如 AMU 和亚洲共同货币的建设？这是一个值得我们深入思考的问题。

亚洲金融危机的深层影响

钟小锋

东方汇理资管大中华区主席、东方汇理资管集团执委会委员

我是 1997 年从欧洲回到中国香港从业的，所以我想从投资者的角度谈几点个人的认识和看法，请大家多多指教。

25 年前发生的这场危机是具有历史意义的标志性事件，影响深远。25 年后的今天，还很难去完全定位这次危机在历史上的位置和全面理解它对地区乃至全球金融格局演变的作用。

首先，这是一次今后会被不断提及和回顾、标志着转机的历史性金融事件。我们看到危机过后，像中国这样成功抵御冲击的国家，更加有信心推进改革开放的进程，更积极争取参与全球化。受到危机重创的亚洲国家也没有白交学费，他们完善了金融监管，促进经济转型、企业创新和升级。亚洲国家也因应形势变化，精诚研讨和开拓区域的金融合作。自从亚洲金融危机之后，亚洲地区没有发生源于亚洲的系统性金融风险。即便面对目前的新冠肺炎疫情和地缘政治复杂化叠加的影响，整个体系运行还是正常的。所以，某种程度上亚洲国家没有浪费伴随金融风暴而来的机遇。

关于中国的情况，王一鸣副理事长刚才已经讲得很多了，中国抓住这样的机遇倒逼改革，中国没有倒下，也抵御住了危机。刚才胡祖六也提到了这一点。之后中国积极推进加入世界贸易组织的进程，2001 年成功加入了世界贸易组织。紧接着是一系列加大改革开放的新举措，比如 2002 年首家中外合资公募基金公司的合作，2004 年、2005

年开始的国有商业银行改制和境外上市，2007 年外资银行在华分行实施的法人化改制等，都是信心和远见的体现，也是中国未来成为全球金融核心市场竞争中的重要里程碑。

之后源于发达国家的两次危机，即次贷危机引起的 2008 年国际金融危机和欧洲主权债务危机，也加强了这个趋势，加速了这个进程。也就是说，中国实际上抵御住了危机，推进了一系列改革，这个意义是明确的。

其次，刚才提到受到亚洲金融危机重创的国家，危机后的重建也伴随着金融市场监管的改革推进，外向型经济的创新转型，和企业架构的调整升级。刚才马来西亚战略与国际问题研究所的赫里萨尔·阿兹里所长提到了马来西亚的情况，胡祖六也讲到了韩国，韩国的例子是尤为突出的。危机期间我们去韩国看到的是黯淡和悲壮，重生之后的首尔，可以感觉到它的动感色彩，这里我就不展开了。

再次，从区域合作的角度来看，危机催化了区域多边合作机制的形成。大家刚才也都提到了 2000 年 5 月签署的具有里程碑意义的《清迈倡议》、东盟与中日韩财长会议。2010 年签署了清迈倡议多边化协议。2021 年 3 月，东盟和中日韩财长、央行财长，中国香港金融管理局总裁又签署了清迈倡议多边化协议特别修订稿，而且在当年 3 月份生效。

目前这样的多边机制已有 14 个经济体参加，而且拥有 2400 亿美元的地区性外汇储备库。虽然这个机制没有在实际案例中真正测试过，也带有相当苛刻的实施条件，规模也远比欧洲稳定机制（ESM）的 7500 亿美元要小，但这是亚洲地区金融合作里程碑意义的尝试。配合其他的区域合作和政策协调机制，《清迈倡议》会为未来更全面、更容易执行的金融合作奠定良好的基础。

最后，今年也是欧洲主权债务危机结束10周年，如果我们把2012年欧洲稳定机制生效作为标志的话，我们看到过去的10年里，中国金融市场和资产在全球投资者布局中的比重，也都在不断提升。这10年也是中国金融发展建设承上启下的10年，监管体制不断完善，对外开放进一步扩大，甚至进入了一个快车道。所以，如果过去几十年外商直接投资（FDI）成就了中国世界制造中心地位的话，我们也相信外资持续有规模地流入中国资本市场，会成就中国全球金融市场的中心地位。在百年未有之大变局下，如果从世界秩序2.0或者是全球化2.0塑造的角度来看，可能我们还可以更深层次地理解亚洲金融危机的长远影响和深刻意义。

尊重经济规律，共同谋求再繁荣

李稻葵

清华大学中国经济思想与实践研究院院长

我分享一个很简单的观点，就是亚洲金融危机过去了 25 周年，经过这 25 年的沉淀，我们能够更好地总结这场危机最深刻的、最根本的原因是什么。把这一点讲清楚之后，我们活在当下，讨论今天应该如何防范这样的危机再次出现。

在我看来，25 年前的亚洲金融危机，它最根本的一个原因是相关国家自己的经济发展模式出了问题。更具体地讲，在高速发展的过程中，有一些重大的问题没有解决，比如说在马来西亚、泰国，或多或少的房地产过热，还有一些投资的过热，本国的储蓄没有跟上本国宏观投资的发展。包括韩国，韩国在亚洲金融危机之前进行了一些现在看来不一定非常适合的“改革措施”，引发了经济结构的变形，带来了部分产业的投资迅速膨胀。因此，发生亚洲金融危机的根本原因是实体经济出现了结构性的变化，金融危机相当于一个惩罚机制，把实体经济存在的问题放大了。

如果大家同意上述分析的话，那我们讨论一个问题：当前在亚洲地区包括中国，有哪些重大的、需要提防的结构性问题？在回答这个问题之前，我首先要声明，同 25 年前相比，今天亚洲地区整体的储蓄和投资是比较匹配的，对美元的依赖度已经大幅度下降了，所以我们不用过分担心亚洲金融危机在不久的将来卷土重来。但是我们仍然要防患未然，分析存在哪些结构性的问题，这些问题未来有可能引发局部的危机。

各个国家都有自己的问题，我们先讲中国自己的问题，可能更有说服力。中国经济目前需要重视的问题就是过去10余年高速发展之后，地方政府所积攒下来的相当沉重的债务负担。这些沉重债务问题短期被高储蓄掩盖了，这些债务很多都是地方政府通过地方国有企业投资平台借的。这个量是非常之高的，恐怕远远比现在大部分研究所测算的值还要高。这些债务本质上讲还必须要由各地方政府在未来发展的过程中，从公共财政的收入中来逐步偿还。我的核心观点是，中国经济未来只有想方设法通过深化改革来激发经济增长的活力，才能够不断地提升未来的公共财政的能力，才能够逐步化解过去高速发展过程中所积攒下来的债务问题。

另一个问题也值得关注，就是当下亚洲地区正在面临产业链的重新布局。我们都知道最近几年全球化出现逆流，尤其是全球在新冠肺炎疫情暴发之后，有一种观点，全球产业链需要重新布局，不能够过分依赖中国的生产能力。在我看来这是一个风险，如果违背经济规律、按照政治逻辑去重新布局生产链，很有可能会带来新一轮的经济危机，进而以金融危机的形式表现出来。具体来说，短期内在资本的推动下，部分地区可能会出现非理性的过度投资，这种投资是违反国际劳动分工比较优势基本规律的，长期来看不一定有很好的金融回报。这种区域经济的不合理演变，很可能会引发下一轮的经济危机，乃至于金融危机。

所以，我们要深刻总结亚洲金融危机的教训，避免让其重演。当务之急，我呼吁各个亚洲国家加强合作，要按照国际贸易基本的经济规律去发展好、保护好已有的产业链，解决好国内的结构性问题。在此基础上，各国共同发展谋求区域和全球的经济再繁荣。

金融危机和金融脱钩的危害性

德地立人

清华大学公共管理学院产业发展和环境治理研究中心（CIDEG）执行理事、研究员，中信证券股份有限公司原国际董事长

今天大家从各个角度深刻分析了亚洲金融危机的教训，我受益匪浅。亚洲金融危机后已过去了 1/4 个世纪，这 25 年间世界发生了翻天覆地的变化，面临今天巨大的变化，我想谈谈亚洲金融危机的教训对今天的借鉴意义，主要谈 4 点看法。

第一，金融危机可以把几十年积累的产业基础毁于一旦。亚洲金融危机的发生有多种原因，关键词汇有“高负债”“房地产”“股市泡沫”“资金断裂”“本国货币与美元挂钩”“国际对冲基金的套利攻击”“国家制度薄弱”“政府应对有误”“国际货币基金组织的错误指导”等。从受打击的各国情况来看，原因恐怕不是单一的，而是叠加的结果。这些国家的经济恢复要等到 21 世纪初中国加入世界贸易组织之后，在中国经济的腾飞与东南亚国家形成庞大产业链的过程中慢慢恢复。所以，金融可以促使一个国家的经济快速发展，同时也可以把几十年积累的经济毁于一旦。

第二，金融危机危害性大，但危机的记忆短暂。金融危机的危害性众所周知，但实践证明，危机记忆只能维持几年时间。亚洲金融危机之前，有日本泡沫经济的崩溃，之后有俄罗斯国债危机、数码概念股的崩溃，以及 2007 年的次贷危机等源源不断的金融危机，世界经济需要长期在危机的阴影中挣扎。危机为什么周而复始呢？危机的根本

原因是人们无止境的投机心态和实际经济、实际制度的不匹配。因此，它不能只靠市场的自我调节，而主要依靠政府的正确政策导向来解决。

第三，在亚洲金融危机之后，中国稳健的金融政策为经济腾飞奠定了基础。从这个角度来看，中国政府在20世纪90年代及之后采取的对外金融政策，如人民币不贬值，逐渐自由开放等谨慎的金融政策，以及对内五大银行股份制改革等大胆的金融体制改革，对于建立全面而健全的金融体系和中国经济腾飞发展奠定了牢固的基础。

第四，金融体系的脱钩相当于金融核武器，破坏性极大。亚洲金融危机是在经济全球化过程中出现的悲剧。虽然它是个悲剧，但不能因此否定经济以及金融的全球化给各国经济和社会发展带来的积极成果。今天国际地缘政治关系紧张，我们正面临着全球经济脱钩和产业链脱钩的危险。比如在大国博弈中，大国常使用经济手段来遏制对方国家，其中包括将对方的银行从SWIFT当中排除。假如一个经济大国被排除出SWIFT，则意味着国际结算不能进行，掐断国与国之间的经济往来，严重损害全球供应链，世界经济将陷入瘫痪。这相当于动用了金融核武器，大家要充分理解它的危害性。

以上是我的4个观点。最后，我强调各国要控制好金融杠杆，控制好房地产金融泡沫。经济要平衡发展，国际金融体系不能脱钩，全世界尤其是亚洲，东盟与中日韩要加强沟通合作，我特别支持刚才高桥亘先生提出的亚洲数字共同货币的建议。

以史为鉴，回顾与启示

朱云来

中国国际金融股份有限公司原总裁兼首席执行官

非常高兴和荣幸能够来参加亚洲金融危机 25 周年的回顾与启示国际研讨会，亚洲金融危机一转眼已经 25 年了，今天我们也有幸听了很多当年工作在一线的政府高级官员、学者专家对历史的回顾，有了一个非常全面的了解。

亚洲金融危机是一段刻骨铭心的经历，有的国家甚至因此发生了重大变化，它的影响现在仍然可以感受到。当今，全球经济似乎遇到了更多的挑战。而开放为实现这一目标提供了更多的可选资源，也提供了更多的直接比较，同时还提供了更多的可能性。一个开放联通的世界，也许会有各种风险暴露、甚至导致危机的可能，挑战与机遇总是共存的。一个国家重要的发展目标之一应该是经济健康发展，这也需要社会与经济共同协调发展。

借此机会我们回顾历史，重新温习，也就是这次会议主题所讲的“以史为鉴”。我想从系统的数字记录入手看一下相关经济变化，希望能够发现一点经济运行道理和规律，也可以助益了解我们未来发展应该如何去把握。

根据世界银行数据库数据，我们可以了解过去 60 年的世界经济发展历程。全世界的货币和产值绝大多数时间是同步增长的，直到 2008 年国际金融危机之后，它俩趋势开始分叉，货币越来越多，相应的产值虽然也还在继续增加，但是增长速度相比货币较慢。实际上从 2008

年以后，产值年化增长率是 2.4%，而货币的增长率是 5.5%。大致说，就是货币增长的速度是产出增长速度的两倍多。这是一个很突出的现象。

另外我们要关注的是二者的比例，即币产比，就是货币与产值的比率。相当于对于一个单位产值，亦指单位的产出，需要用多少货币去对应，其实货币也是一个债务水平的衡量。比方说在 1960 年的时候，全世界的货币总量只有 0.7 万亿美元，而产出是 1.4 万亿美元，也就是说 1 块钱产出需要 5 毛钱的债务。到了 2020 年，货币已经是 122 万亿美元，而产出只有 85 万亿美元，这时候币产比就变成 144% 了，即 1 块钱产出需要 1.44 元的债务。回顾这个过程，从 20 世纪 60 年代初开始，世界负债的水平相对比较低；但随着时间的流逝在不断提升，其中有几个向上跃升台阶，这些台阶又都对应了一些关键事件。比如说第一个是 1961 年，这一年全世界第一个集成电路的专利权获批，仙童半导体公司发布了第一款商用集成电路。在后续 10 年中，以半导体 / 计算机为代表的创新确实在推动经济与资本市场发展，同时债务水平提高；这种加杠杆提高债务一定程度也反映了政府对经济发展更有信心，所以敢借贷更多的钱发展。后面的阿波罗登月，又是一个技术发展的里程碑事件。再后面则是美元与黄金脱钩，以及后续浮动汇率全面实施，货币发行或者说债务增长的一个限制弱化甚至取消了，使得币产比又上了新台阶。但这些变化意味着发达国家体系经济发展的不确定性也在提高，随即又发生了石油危机，经济与债务的增长都相对停滞。到 1985 年广场协议的签订，进一步放松了对美元为代表的货币的发行限制。同时这时候美苏冷战也开始出现结束的迹象，一个相对和平、比较开放的新时代来临，20 世纪 90 年代又是相对红火兴旺的 10 年，2000 年前后互联网概念爆火，币产比或说借贷债务的信心再次跃升，直到泡沫破灭又出现调整。

到了 2008 年，这个情况有所改变，前面每一次币产比或债务的跃升还是有一个实体经济的新的系统发展作为支撑，“主动”推动着债务上升。但是到国际金融危机，这次跟以前不同的是变成了央行出台量化宽松策略，实际上是央行主动发了很多货币，导致币产比在很短时间内迈上了一个台阶，从大概 100% 涨到了 110%，并且在后续时间不断攀升，这个攀升实际上伴随持续的量宽，从 QE1、QE2 到 QE3，虽然这中间也开始退宽（tapering）的尝试，但其实彼时的退宽并没有真正彻底实施。在这些因素综合影响下，币产比在 2010—2019 年又上了一个台阶，达到 130%。最后因为新冠肺炎疫情暴发，也是一个特殊的外生原因，不是经济发展的自身需求，使得币产比跃升至 144%。综合看，债务水平是在不断提升的。有些是因为技术进步、经济发展内生驱动，有些是因为遇到各种危机的政策应对，但积累至今，世界的币产比也代表着债务水平已有系统性提升，现在的总体水平很高。

如果我们把亚洲单独提出来，看看它的特性。就会发现总体来说亚洲跟世界相比，币产比更高，世界平均是 144%，亚洲应该是 176%。

从亚洲占世界的经济比例来看，全世界约 85 万亿美元的产值，78 亿人，亚洲大概产值占了 40%，累积的投资也差不多占了 40%，也就是说亚洲的生产与积累占到世界将近一半。

刚才我们用了比较简单的产出和货币大致梳理经济脉络，现在进一步用联合国推出的国家账户体系数据进行更为细致的观察。

通过国家账户可以把一个国家看成一个公司，像公司会计一样核算，可以有国家的销售收入（市场交易总额）、资产总额等。这次准备的时间仓促，我找到的东南亚情况数据始于 1995 年，它总处在一个高杠杆的水平，持续地和资产一起快速增长。到了 1997 年亚洲金融危机爆发，股权意义的收益率、资产口径的收益率、利润率都迅速下降。到 1998 年，差不多快速见底，之后开始恢复。如果我们继续看它后来的历史，在 2008 年之前有一个似乎是正常的持续向上发展，而在 2008 年以后总体来说是个下滑的趋势。

2008 年以前，销售的总增长是 11.7%，资产的增长是 5.5%，销售快于资产增长；但是到了 2008 年之后，销售增长只有 5.8%，而资产增长却高达 8.5%，资产增长快于销售。其实，现在有很多经济体都有这样的问题，可能为了挽救危机、为了救市、为了长期发展、进行了很多投资，而结果是资产增长的速度高于销售速度了，也就是说你能够真正卖出产品的速度相对于你投入的速度是变慢了。长期如此，显然权益回报率、资产收益率、利润率等都会受到负面影响。东南亚的情况也是这样，2008 年之前销售快于资产增速，所以各项回报率、收益率都是上升的，到 2008 年之后资产快于销售增速，各项回报率都出现下降。很多经济体可能有类似这样的问题。

国家统计局系统数据周期比东南亚数据时间周期更长一些，我们本次可追溯到 1990 年。1997 年金融危机其实对我国的影响同样是很大的，当时的中国正处在 20 世纪 90 年代初开始快速发展阶段，投资增长保持高位，效率却开始有所降低，通货膨胀上涨很快。再加上 1997 年亚洲金融危机的冲击，使得经济发展面临了很多困难，需要必要的宏观调控政策调整手段，也正是因为这些的效果，包括后面通过加入世界贸易组织进一步的开放，使得经济在 2000 年左右就开始恢复，之后从发展的角度来说也是总体往上的，各种效益都在不断改善。但是到了 2007 年又开始有些过热，随后 2008 年又叠加了国际金融危机带来的冲击。在 2007 年、2008 年以后，经济总体回报有所回落。从杠杆率来看，我们的杠杆倍数越来越高。从周转率（亦指资产的使用效率）

看，同样的资产生产销售多、产出少，这个产出的效率也是在下降的。这可能是用一个比较长期的数据显示出来的一些潜在的特征、初步的趋势性问题。

世界经济总体，它既包括刚才的东南亚、中国，还有其他的一些国家。总体趋势有所雷同，比如说周转率系统性下降，杠杆率系统性上升，但是比前面显得平滑一点。这也可以理解，毕竟世界经济是这么多经济体叠加在一起的，互相平滑分散。但注意，2008 年以后世界经济总体的收益率也有降低的趋势。

总结来说，我觉得发展经济还是要符合经济规律。世界各国都想发展，可能都急于希望通过投资来扩大未来的收益。但是有的时候，如果不注重投资效率，不系统地看经济发展规律，投得太多，反而收益会下来。本来是很好的向上发展趋势，但是投资过多，资产增长速度超过了你真正能够创造销售收入的速度，经济效益长远来看很有可能会减少。因此，我们除了要总结防范金融危机的各种机理，也应该更精细地研究经济发展的规律，把握在不同周期应该期待什么样的发展力度等。

我对中国经济一直是很有信心的。我们现在已经是一个巨大的、很有生产能力的世界级制造体系。用这个体系来生产我们国民所有必需品，是完全足够的，其实我们中国的老百姓日常生活消费大概只占了 30 万亿 ~ 40 万亿元的水平，也就是 1/3 的 GDP 就足够了。甚至说中国出口这些生活必需品满足世界更多人民的需求，中国也是很有能力的。

总而言之，基础生产能力我们是有的，是否需要持续扩张，可能需要系统性探讨，看经济效率怎么样对我们最好，特别是寻找到长远、可持续发展的路径，避免过多的大起大落，起起伏伏，这值得有更系统的经济学研究，也可能是避免经济金融危机发生的根本方式。

第三篇

后危机时代的国际金融体系改革

当今国际金融市场仍显脆弱

杰弗里·萨克斯

哥伦比亚大学教授

关于亚洲金融危机发生的原因以及我们对它的认定非常重要。它不是实体经济的危机，也不是传统的凯恩斯主义所说的危机，它是一个金融危机，而且它是一个国家的货币，也就是泰铢的危机。但它影响了其他的一些亚洲国家。当时几周之内，泰铢的贬值幅度是巨大的，并由此产生了对金融领域的冲击，带来了巨大的流动性枯竭。在东南亚国家都发生了这种流动性枯竭，后来几周之内这种流动性枯竭又传递到了韩国，所以这已经不是基本面的事了。

当时大家对亚洲金融危机的应对并不是很明确，也不是很明智，包括美国、国际货币基金组织的应对。我们发现当时国际货币基金组织对于这样的金融危机的认定是有错误的，它认为这是基本面发生了问题，但实际上并不是基本面的问题。在这样的一种错误的认定和错误的指导下，要求进行结构改革以及实施双紧政策，在很短的时间之内，危机就像滚雪球一样变成了更大的错误。

2020 年新冠肺炎疫情开始，我们就看到各国央行的货币政策开始发生了一些转向。如果没有这样的货币政策调整，肯定就会在疫情当时发生一些金融危机。而现在，我们看到各国都有通货膨胀的风险，欧洲央行也正在紧缩信用。我们已经看到一些违约现象的发生，在未来的几个月当中，可能更多的国家都会面临违约风险。

我认为有必要在未来的几个月进行国际合作，否则新兴经济体会面对很大的挑战。如果中美欧可以合作、国际货币基金组织能够理解它的主要目的，也就是提供流动性，而不是进行紧缩的话，事情还可以得到好转。

但是现在地缘政治确实不容乐观，美国并不是一个好合作的对象。中美之间的一些冲突也可能会加大一些风险，实际上脆弱性是很高的，我希望 G20 仍然能够成为一个合作的渠道，也非常希望中国、美国、欧洲国家和其他国家能够坐下来好好地谈一谈，讨论如何提高金融流动性，如何加强国际合作，以及未来潜在的危机等话题。这是非常重要的。

2008 年国际金融危机的发生实际上就是因为我们没有好好去学习 1997 年亚洲金融危机的经验教训。我们不能不断地在一块石头上绊倒，一定要更好地进行国际合作，这样才能够建立更好的、可靠的多边体系，比如亚洲开发银行、亚洲基础设施投资银行等，这些都是非常好的渠道和平台。

在现在不确定的环境之下，我们应该吸取前车之鉴，不要再重蹈覆辙。现在有新冠肺炎疫情的冲击，有乌克兰危机，还有其他的一些影响，必须要有一个系统的、长期的、多边的国际金融体系。

国际金融体系改革：监管与货币

樊纲

中国（深圳）综合开发研究院院长

今天有这个非常好的机会可以回顾这一段历史，尤其是亚洲金融危机之后的 25 年历史。我们可以思考一下今后如何进行国际金融体系的改革。

我觉得金融体系实际上存在两方面问题，一方面是金融市场监管，另一方面是货币体系，即货币的问题。

首先是金融市场监管方面。我们从 1997 年亚洲金融危机中吸取的经验应该是，对于发展中国家或者是一个还没有健全金融体系框架的国家来说，如果把资本账户过早地、在它不成熟的时候开放，会带来很大的问题。因为如果所有资本一下子涌入一个还没有健全金融体系的国家，会促成危机的酝酿和发酵。我觉得当时很多国家都面临这样的问题，而资本的涌入也确实既带来了金融体系的问题，也带来了实体经济的问题。因此，我觉得这是一个教训。在危机之前，当时所有人谈论的都是经济的开放，资本账户的放开，这是 20 世纪八九十年代监管放松的主题。对于发达国家来说是放松监管，对发展中国家来说，主要就是资本账户的放开，这也带来一些问题。

一直到 2008 年的国际金融危机，对于发达国家来说，那时大家还是在谈“去监管”，但对于大多数发展中国家来说，大家是吸取了经验教训。绝大多数国家，包括国际金融机构，像国际货币基金组织都开始讨论宏观审慎政策、宏观审慎监管，不再让发展中国家立即放开资本账户和金融市场。但是对于发达国家来说，在那段时间——自 20 世纪 90 年代末到 2008 年——主题还是放松监管，然后就有了 2008 年国际金融危机。在那之后，人们又恢复了很多的监管，这也表明金融市场是需要监管的，我们需要纪律，需要监管金融机构。这也是危机之后全球金融危机改革的一部分。

其次是货币体系的改革和变化，可能变化并没有那么多，但是大家对这些改革和变化谈得很多。在亚洲金融危机带来的崩溃之后，大家开始讨论亚洲货币基金和亚洲货币，应该是马来西亚的马哈蒂尔总理先提出来的，然后蒙代尔教授也开始讨论这个问题。之后亚洲开发银行推出了一种虚拟货币——亚洲货币单位，但并没有真正成为交易或者是储备的货币，而是用于计算亚洲各个币种之间的关系。

在亚洲金融危机之后，又有了国际金融危机，人们大多讨论的是国际货币体系的改革，周小川行长写过一篇文章，是关于超主权的货币，对于当前体系的问题说得很有道理。就是一种主权国家的货币，用作国际货币，它具有外部性。但是因为主权货币和货币政策首先是为主权国家利益服务。它的货币政策可能不会考虑全球的利益和全球问题，包括其他国家的利益。发行国际货币的主权国家的金融风险也会对其他国家有影响，而这个风险也可能会被外溢到其他国家。一个国家的金融危机波及其他国家，就是一种负的外部性。主权货币又是一种国际货币，它可能会带来负面影响。主权国家货币政策对国内市场和国内经济可能是积极的，但是对其他国家可能是消极的。如果我们没有一种所谓超主权货币，那么这个问题依然存在。

现在主权货币作为国际货币又遇到了其他的问题，因为有很多国内政治因素、地缘政治因素和其他的因素，可能也会影响国际货币体系。比如说现在有些国家觉得使用某些货币是有风险的，那么他们就会选择用其他的货币进行交易。所有这些问题都是存在的，而新冠肺炎疫情以及地缘政治的问题也会造成新的问题。

我们需要思考什么样的未来呢？对于国际货币和金融体系来说，我觉得在不远的将来，可能人们会更多地使用其他的货币，而不是现在的美元。有些国家可能想让自己的货币在交易当中发挥更重要的作用，但规模可能不会很大。但是我猜测，会有一个群雄竞起的时代，这并不是一种最优的情况，也可能是次优，甚至是次次优的选择。我认为理想的解决方案就是要有一个超主权的货币，就像是凯恩斯说的Bancor，就像欧洲的欧元，或者是想象中的亚洲货币。这需要满足很多的因素，我觉得现在这些条件的满足变得更加遥远了，而不是更加接近了，更难实现一个超主权货币了。由一个主权货币充当国际货币的国际货币体系所产生的问题，也会更多更大。所以，我们可能只能满足于一种次优机制，也就是有多个币种在国际贸易和投资当中发挥作用，维持正常的运转。更多的国家要求用“本币支付”，或者用非美元的其他货币支付。这肯定不是最优的选择，会有更高的风险、更高的交易成本，也有汇率的成本，但这可能是我们不得不面对的现实，在新的国际条件下，可能是比完全用一种主权货币充当国际货币的体系要更好实现一些的现实。

国际金融体系改革的思考

刘遵义

香港中文大学教授

我主要讲 3 部分。第一，回顾 1997 年亚洲金融危机。第二，谈一谈国际金融体系改革的成果，还有一些持续的改革和潜在的改革。第三，简短做一些总结。

我之前做过一些关于韩国和泰国潜在货币危机的预测，可能很少有人知道，是在南非比勒陀利亚 1995 年召开的会议上，后来是 1996 年在北京，戴相龙行长当时也参会了。我的预言在 1997 年的时候应验了。大家可能还记得 20 世纪 90 年代初墨西哥危机。我当时关注的是一个国家外汇储备是否充裕，基本要旨是，如果你有外国货币的储备，然后把所有的贷款——包括本金和利息要到期的，比如说接下来 12 个月要到期的——加起来，再加上进口和外汇储备进行比较。如果外汇储备要少得多，那么这个国家真的有很大的风险。因为如果出现问题的话，那么出口商可能就不会把钱汇回来，只会放在外国的银行里；进口商会加速支付，在能支付的时候尽可能支付。这个就是我刚才说的背景。

那么这些对冲基金又做了什么呢？它们实际上就像掠食者一样，在进行一些投机行为。因此，当时泰国、韩国就遭受了危机。这是一种传染性的事情，也就是说这些国家可能没有那么大的问题，这些国家可能金融体系也还不错，但是金融危机一旦传染开始以后，就像病毒一样传染到别的国家。刚才杰弗里 · 萨克斯教授说的，我非常赞同，也就是这些国家及组织，比如泰国以及国际货币基金组织，其应对是有问题的，这就使得问题变得更加严重。我们看到短期资金的自由进出，使得货币出现了错配。国内的借贷者就遇到这种错配的状态，而这种错配最终是会导致灾难的，我们都心知肚明。这也会带来外汇储备的不充足，而外汇储备是一个很大的衡量标志，在外汇储备枯竭的时候如何偿还长期债务呢？这是一个灾难。

我如何看亚洲金融危机？当时中国的人民币汇率并没有贬值，这是非常好的一件事情。因为如果当时人民币也贬值的话，我可以非常肯定地说，又会出现新一轮的货币贬值，那对于整个亚洲简直是灾难。坚持不让人民币贬值，对于中国来说是有压力的，中国的出口商其实也面临一些影响，但是总体来讲中国的这样做是明智之举。

另外，我们看马来西亚的情况，马哈蒂尔当时说，我们要怎么样去应对这样的金融危机，但实际上他们的政府并没有做出非常好的选择。从今天来看，我们一定要保证外汇储备充足。各个国家都要有非常充足的外汇储备，这也是吸取前车之鉴。另外，我们也要去阻止短期投机行为，因为当时泰铢就是面临这种短期投机行为，导致了灾难性的后果。必须要有非常好的金融监管，因为所有的进口商、出口商，还有外商投资者，他们都更希望稳定的汇率，他们绝对不希望看到那种上上下下像过山车一样的汇率。大家可以想一想，欧元的诞生和欧元的兴起，就是因为欧元能够比较好地稳定欧元地区国家的汇率，比如德国不用再担心德国马克可能有一天就忽然贬值得一文不值了，这对于整个欧元区的进出口商来说都是一件好事。所以我认为，只要是能够让金融体系变得更稳定的举措，都应当大力支持。

我们再来说一下国际金融体系改革应该考虑什么。首先是大而不倒的情况，是说那种因为太大了，对整个金融体系可能会造成系统性金融风险，就像雷曼兄弟，或者是美国国际集团（AIG）。这些大而不倒，对系统性金融风险会有一些影响的大金融集团，应该更早就辨认出有哪些，否则等它们倒了以后出现连锁反应，将是让人非常头疼的问题。

其次是货币应当受到更好的监管，也就是说整个货币市场应当有更高的透明度，否则可能会出现让人不想看到的后果。

那么，未来应该进行什么改革呢？我想说两点。第一，央行应当提供可负担的远期外汇和期货交易。如果要鼓励所有的货币清算，那就必须保证进出口商能够有一个可靠的未来。第二，长期资本流入应当是被鼓励和被欢迎的，我们应当鼓励长期的行为。

最后，我认为要降低整个汇率机制兑换之间的波动性，这对于全世界的人来讲都是好的。我们也必须要看到借贷实际上也可以应对短期的流动性不足。

应对危机需要全球货币体系改革

黄益平

北京大学国家发展研究院教授

我们现在讨论后危机时代，也就是1997年和2008年之后的国际金融体系改革。我们是不是要经历一个更大的危机，才能把之前讨论的措施完全落实。我相信就算经过再多的危机，我们的这些问题可能还会存在。但是，这也是我们今天要进行讨论的一个原因，是希望能够有一些改进。

我想先说一下亚洲金融危机和2008年的国际金融危机。我还想说一下，现在的西方经济体对于俄罗斯的经济制裁，对国际金融体系也是会有影响的。

第一，1997年的亚洲金融危机。这个危机对我个人来讲意义非常重大，原因是我当时是农经学家，看到这样的一个宏观的经济问题、金融问题，我自己也非常感兴趣，后来我就做了一些研究。

我非常同意刚才樊纲所说的，最重要的1997年亚洲金融危机，应该让我们能够了解到资本账户的自由化和开放资本账户。有一些国家可能开放得过早了，如果有一个大的赤字，通常会涉及经常账户，货币就有可能贬值。如果在未成熟的情况下就进行了开放，就会出现非常不稳定的资本涌入，这是泰国以及其他国家，比如印度尼西亚所发生的事情。刚才胡祖六先生提到了国际货币基金组织，他也说到了日本的一个提议。当时，我们看到外汇储备也是很大的一个需要考量的因素，因为国际货币基金组织当时做了一些认定和一些政策上的导向，很多国家都是听它的认定。但实际上在响应的过程中，国际货币基金组织也有很多的错误。对于我本人来说，那个时候我们进行了很多讨论，都是关于资本账户的一些措施，是马来西亚的一些措施。如果看一下马来西亚，还有其他一些国家恢复的轨迹的话，会发现它们的恢复轨迹其实是比较类似的。这就让我们疑惑，资本账户的控制真的这么重要吗？如果说它跟国际金融体系有联系的话，那么国际货币基金组织也要思考在这个过程中的问题。其中一个问题就是货币的错配。绝大多数的新兴市场经济体都会有币种错配的问题，你用一种货币来借贷，你的资产是本币计价的，一旦汇率有很大的变化就会有巨大的冲击，这就是我对亚洲金融危机的解读。一个关键的影响是，怎么来开放资本账户，这背后有什么样的国际货币体系，我们要构建什么样的国际货币体系，这是一个间接的问题。就像樊纲之前说的，国际金融危机之后有越来越多的人开始思考美元主导的国际货币体系是否还能维持很久，人们谈到“三难”选择，以及美元面临的压力。对于国际货币体系来说应该有什么样的未来，就像前面的学者提出要有一个真正的国际货币，但是最终我们要做的就是推动人民币的国际化。如果真正的国际货币不可行的话，那么就把其他的一些货币国际化，至少能够有几个选项，至少能够缓解“三难”问题。这就是我的思考。

第二，资本账户的管制问题，一直也没有解决，就像樊纲之前说的，现在都在关注宏观审慎措施。这方面我觉得国际货币体系的改革成为一个明确的问题，也会有越来越多的人在思考应该要怎么做。但这方面的进展非常有限。无论是构建一个新的全球货币还是实现储备体系的多样化，进展都非常有限，有很多的原因，政治原因、经济原因、制度性原因等。

第三，是和金融制裁有关的。对俄罗斯实施的金融制裁是乌克兰危机之后，以美国为首的西方国家实施的，对我来说金融制裁首先是把俄罗斯的一些银行踢出了SWIFT。其次，冻结俄罗斯央行的储备资产。

在我看来这是非常不正常的。一是参与此次制裁西方国家数目众多；二是无论是SWIFT体系还是以美元形式持有的外汇储备，这些应该是全球的公共产品，应该是全球化的一部分。之所以这一点非常重要，是绝大多数的国家参与全球的经济和金融交易，主要是关注经济和金融因素。但是现在非常重要的一点是从制裁俄罗斯开始，我们必须要关注你的朋友是谁、你的敌人是谁、你的潜在敌人是谁。美元仍然是最重要的货币，但是如果你的国家可能会与美国有冲突，那么你是否要持有美元就必须要三思，这是国际货币体系非常重要的变化。我还不知道这个体系会怎么样，但是有很多人在讨论，全球的央行中不仅仅是中国，很多其他发展中国家的央行都必须认真地考虑，是否要持有很多的美元。不仅仅是美元，还有欧元和日元。然后这个问题变成，又能持有什么别的币种呢？我没有答案。但是这些是我们必须要关注的新风险。

同时，我认为还有一个很大的问题，是投资者、交易者都必须考虑的。这些金融的制裁带来了制度的变化，这个制度变化要远远大于亚洲金融危机和国际金融危机带来的变化。

最后总结两点。一是我们越来越多地了解到资本账户的管制和放开的议题，基本上如果没有准备好的话就不要放开。因为所有的金融措施最终都必须平衡好风险和收益。如果放开了资本账户，放开得过早的话，收益远远小于风险，而且关于放开的顺序我们也要非常谨慎，如果没有准备好的话不要做。还有非常重要的是，当面临外部的金融风险，如果无法承受跨境的资本流动，就不能够积极地接受新的资本管制的措施，因为我们还是要做风险和收益之间的平衡。

二是现在越来越迫切的问题是，我们需要改革全球货币体系，可能全球有很多国家不是美国亲密的盟友，我唯一的建议是要支持全球货币体系的多样化。

危机后货币体系改革的思考

郝福满

新加坡国立大学东亚研究所所长

我在世界银行工作了 5 年，其后爆发了亚洲金融危机。我当时正在东亚，每天都在研究相关的问题，当时对世界银行来说也是非常艰难的一段时间。当然更多的是国际货币基金组织的工作，不过世界银行也参与很多。

25 年之后我也确实有了一些后见之明，我觉得根本性原因是一个系统性问题：很多国家都没有适应布雷顿森林体系后的世界，存在大量的资本流动。首先是 20 世纪 70 年代，由于石油；然后是 20 世纪 90 年代，有很多的资本流入东南亚。对此的管控从货币角度来讲是不够的，而且也不连贯，尤其是在汇率方面。结论就是，或者有一个固定的汇率，比如说港元，或者是有完全灵活的汇率制度，但有很多东南亚国家都选择的是两者之间的状态。

与拉丁美洲国家相比，我们去看韩国、泰国、马来西亚、印度尼西亚在亚洲金融危机之后的表现，会发现尽管金融危机的发生确实带来了冲击，但是它们在这之后的表现是非常好的，尤其是韩国。因为韩国利用了这个危机的机会引入一系列必要的改革，帮助韩国避开了中等收入陷阱，使其以财阀为主的经济有了很大的改善。另外还有泰国、马来西亚，它们选择了不同的道路，选择了固定汇率和资本管制，固定汇率和资本管制是它们一贯的政策，虽然这不是国际货币基金组织推荐的政策，却是它们一贯的政策。印度尼西亚花了很长时间才重回增长，是因为印度尼西亚进行了政治转型。我们可以看到，所有这些国家的表现都很不错，所以并不是说发生了危机之后就很惨了。这和拉丁美洲的情况不一样，拉丁美洲几乎是失去的 20 年，一蹶不振。韩国的表现尤其抢眼，这与巴西和墨西哥就很不一样，但远低于其他东亚国家，主要是有不同的政策反应。我承认这里面确实有一些政策建议，尤其是国际货币基金组织和世界银行在某些领域提供的建议甚至是不正确的，而且面对危机的性质和之前也很不一样。比如说拉丁美洲的危机，尽管经常账户的这种赤字和财政赤字在拉丁美洲非常严重，但是在东南亚却不一样，东南亚危机主要是由资本流入引起的，所以这样的危机确实有各种各样的原因，复苏之路也不一样。

在危机之后，货币体系缺少创新确实令人失望，但是也有一些变革，有一个亮点就是 G20，G20 也是亚洲金融危机的一个成果。《清迈倡议》，还有清迈倡议多边化，这些都是区域的倡议。在国际金融危机之后，在欧洲也有翻版，来应对全球金融危机，这种想法就是必须要有一套一致的政策来管理外汇账户，货币政策也要配套使用。我们经历了一场国际金融危机，但和亚洲金融危机的类型是完全不一样的，不是一个资本流入的危机，主要是美国的政策失误，有很大的溢出效应，尤其是对欧洲。

在 2008 年国际金融危机以后，我们看到美元的问题又凸显出来。其实我觉得现在要找到一个解决方案，还是比较困难的。现在能够跟美元竞争的可能是人民币。人民币如果能够拥有美元的所有功能，那么我觉得人民币应当有希望、有机会与美元竞争，但是现在毕竟还没有。这要看中国是不是愿意完全放开资本账户，同样美国其实也是能够从中获益。当然也有不好的一面，大量的资本流入与大量的经常账户逆差其实也是让人头疼的。我们可以看到，美国的工业基地实际上有一部分已经不复存在了，在美元成为储备货币的过程中，美国的很多工业中存在失业工人。这与英镑还是国际货币的时候没有什么不同，在当时的英国也有同样的情况，它们在20世纪早期存在着过早的工业化。

目前，从地缘政治的角度来讲，对于美元来说，它到底应该实现什么样的功能，是完全为美国的利益服务吗？美国说什么就是什么，还是存在其他的一些情况呢？其他国家的政府又应该如何管控自己的货币？我很难想象接下来会出现哪种货币，也很难想象如果有一种货币，管理这种货币的国家会放眼全球。因此，各国可以单独或形成地区性组织，以更好地保护自己免受国际货币体系的冲击，而这主要是在竞争中决定的。

全球和平比外汇储备更宝贵

史蒂芬·罗奇

耶鲁大学高级研究员

刚才很多人提到了中国的角色，也说到了很多问题的前世今生，危机为什么会产生以及它的一些影响，我基本上都同意。我想说的是，亚洲金融危机是中国在世界金融市场乃至世界经济中崛起的一个关键节点。我当时在摩根士丹利工作，负责全球经济组的研究，我亲历了亚洲金融危机后，我自己的研究也向中国偏移，而且一直持续至今。

1996 年，也就是亚洲金融危机的前一年，中国 GDP 占全球 GDP 的 6%，1999 年就变成了 7%，是经过了亚洲金融危机，在亚洲国家中仅有的还能够提高的，其他的亚洲国家基本上都有很大的降幅。印度之前的全球 GDP 占比其实比中国高，日本也是。1996 年，日本在全球 GDP 中的占比是 8% 左右，经过了亚洲金融危机，只有 7% 了。所以中国发展得非常好。亚洲金融危机给我们什么样的反思呢，或者是一些什么样的经验和教训呢?

我之前跟时任总理朱镕基先生对过话，在对话的时候，我看到中国这么高层的官员对于全球金融体系的洞见和坚持人民币不贬值的态度，以及认为要有足够的外汇储备，我觉得这是一些比较明智的见解。中国现在还在继续推行，比如说基础设施方面的刺激以及投资。中国面对危机的反应是比较好的，尤其是在 2008 年国际金融危机的时候，中国做得也非常好。当时中国应该在全球 GDP 占比中提高到之前的两倍，这就和其他的一些国家形成了鲜明的对比，其他一些国家在全球

GDP 的占比都是下跌的，但是中国是在上升的。中国在 1997 年亚洲金融危机还有 2008 年国际金融危机当中的这种决心、这种韧性、这种表现，以及应对外部冲击的能力，实际上也非常好地展示了自己的韧性，对于这两次危机，中国的应对表现出一致性。在两次危机中，无论是在亚洲还是在全球，中国都扮演了重要角色。

在未来如果出现危机的话，我相信可能跟之前又会有一些不同。全球金融体系是需要改革的，我们希望能够有一个国际金融体系让我们更好地渡过下一场危机。还有一点就是，我们能够从中国的经历当中学到一些经验和好的做法，尤其是在应对 25 年前的 1997 年亚洲金融危机，以及 2008 年的国际金融危机，这个韧性是非常关键的。必须要有这样的韧性才能够降低自己的脆弱程度，才能够更好地去应对未来的一些威胁，尤其是对于经济还有金融体系的系统性打击和冲击。

我还想说一点。现在美国以及其他一些西方国家，对于俄罗斯的经济制裁，以及乌克兰危机体现出外汇储备是很重要的，尤其是以美元为主的外汇储备。但是我们也看到，在这样的一个制裁当中，俄罗斯的角色也遇到了很大的问题。为了应对这一点，我觉得全球和平可能比外汇储备更加宝贵。

因此，如果全球和平被一些战争，而且是没有任何根据的战争打破的时候，可能会有不可预想的后果，而“不可预想的后果”这句话本身也是普京自己说的。我们现在已经到了一个新的时代，我们并不是在一个完全隔离的状态下去看金融体系，或者是货币体系，因为这和我们的日常生活以及全球的安全和平，还有气候变化等都是息息相关的，不能割裂开来。

后危机时期国际金融体系改革的一个重要内容

俞乔

清华大学公共管理学院教授

前面发言的学者、专家们从比较宏观的角度，讨论了亚洲金融后危机时期国际金融体系改革的大方向，我想从可操作的角度来深入讨论这个问题。

广义的国际金融体系改革主要有 3 方面：国际货币体系、国际金融组织系统、国际金融监管机制。狭义的国际金融体系改革则聚焦于国际货币体系改革，包括国际交易与储备货币、货币汇率制度安排，以及国际协调治理。

就后者而言，其内涵有两个维度，一是体制机制和组织结构；二是货币产品和对冲工具。亚洲金融危机之后，相关各方开始就这两个方面的改革展开了探索。例如，《清迈倡议》落地、亚洲货币基金建议等，都是属于体制机制及组织结构的改革内容。另外一个方向是产品与工具，与会学者讨论了关于主权货币、超主权货币、人民币国际化以及亚洲债券设想等议题，我就想沿着这个方向继续展开讨论。

在当前新冠肺炎疫情影响和全球滞胀前景下，主要国家的宏观应对措施都是各自为政、缺乏协调，甚至有些饮鸩止渴、以邻为壑；更重要的是国际关系持续紧张，中国和主要发达国家间存在脱钩、半脱钩的巨大风险，这是一个非常严峻的挑战。国际货币体系的体制机制和组织结构改革的基本前提是区域及全球协调。在这种背景下，现阶段这种国际间协调是几乎不可能完成的任务。不过，当前在丰富国际货币体系的产品和工具选择方面，还是有一定的发展空间与市场需求，特别是在提高人民币作为国际贸易的交易媒介方面有较大的前景。

过去一些年来，人民币国际化取得一定进展。近期在国际结算体系中，人民币结算为总量的 1.85%，居全球结算货币第五位；在国际贸易结算中人民币占 2.40%；在各国储备资产中人民币资产占 1.96%，在外汇交易量中，人民币约占 4%。对持有人民币资产的国家而言，除了外汇储备多元化、分散风险之外，主要目的是方便与中国进行经贸往来。

当前中国对外贸易占全球贸易总额的 13.4%，是许多国家重要的贸易伙伴，人民币作为国际贸易中介货币有较大空间。国际贸易划分为三大类别：第一类是大宗商品交易，包括石油、粮食和矿产品；第二类是中间产品交易，主要为跨国公司基于供应链的内部交易；第三类则是最终零售产品。这三大类贸易大致各占世界贸易总额的 1/3。由于近年能源与谷物价格上升，第一类商品比重将有所上升，随着后疫情时代产业链重组与回流，第二类交易可能有一定程度下滑，第三类交易的比重则较稳及缓升。这 3 类交易中，第一类交易主要依靠美元结算，第二类交易主要是美元和欧元，人民币发挥的潜力空间也不大；第三类零售型交易则是人民币国际化的主要领域。

然而，人民币国际化的必要条件就是中国国债市场发展与开放。稳定的国际贸易货币必须有开放的国债市场支撑，本币作为贸易中介货币必须满足 3 个关键要素：一是交易参与方有足够的动机与激励使用本币对特定商品交易；二是境外有充足的本币存量作为商品交易媒介；三是存在以国债为载体的高流动无风险资产池，形成货币循环体系，释放回收、容纳沉淀与投资管理境外的本币。境外人民币通过以下渠道获得：包括货物贸易和服务贸易在内的经常项目出现逆差后，对方愿意接受人民币支付；使用人民币对外直接投资或贷款；外方用国际货币购买中国国债或其他证券资产后，抵押或出售获得人民币。国债市场的活跃交易构成了除经常项目逆差、对外直接投资及贷款之外，境外人民币的一种供给方式。

另外，人民币国际化与国债发展开放是一个硬币的两个方面，相辅相成，缺一不可。以本币形式的资金流出需要有相应的资本流入，境外人民币的反手交易工具主要为国债，国债市场开放为对外直接投资、直接贷款提供了本币回流渠道和资产管理工具。开放的国债市场构成高流动与无风险资产池，进行境外存量人民币的回收储存及资产管理，形成本币内外流动的循环系统。国债市场发展开放可以为持有人民币的外国主体提供具有无风险高流动的资产管理与配置手段，提高其将人民币资产作为储备资产的意愿与比例。目前有可能使用人民币结算的贸易对手国是东盟及其他一些国家。这对于稳步推进人民币国际化、促进国际货币体系改革有重要价值。

此外，国债市场发展与开放还有利于满足各种国际微观投资主体的市场需求，有利于深化与世界的联系。近几年来我们看到各国贸易、市场证券投资、人文交流都在停滞甚至下降，直接投资次之，国债投资相对稳定。目前东亚、中东、西北欧占全球外汇储备大头，欧美日商业保险和养老金数额巨大，都需要找新的投资方向。这些资金购买中国国债是长期被动投资，构成中国与世界的新增挂钩、多重挂钩、长期挂钩。而且，中国国债市场发展与开放有利于为不断紧张的公共财政扩大低成本的资金来源。最后，中国国债市场发展与开放还可以支持中国香港作为真正意义上的全球金融中心。虽然香港是重要的国际金融中心，但与纽约、伦敦这两个全球金融中心相比还有很大的距离，其缺陷之一是香港缺乏具有竞争力的核心性金融资产，而国债及其相关产品正是这一资产。

国际经验也揭示了国际货币与国债工具之间的共生关系。美国国债的功能有4个：第一，弥补长期性财政赤字；第二，国债是非常重要的核心金融资产，支持美国金融市场的运行；第三，支持美元作为主要国际储备货币的地位；第四，维持国际收支平衡。英国国债的功能与美国差不多，对内弥补财政赤字，对外维系英镑国际储备货币地位。日本的情况较为特殊，日本国债主要是弥补财政赤字并作为国内最重要的金融资产，其内卷现状未能支撑日元作为国际交易货币。德国的主权债务有一个重要功能，就是支持超主权货币——欧元，而且要吸纳欧盟内部的贸易顺差。在境外投资方面，美国国债的国外机构投资者持有全部国债的30%左右，如果把美国政府或者是类政府机构持有的国债排除在外，国际投资者的比重更高。英国境外投资者持有了1/3，德国的比例更高，日本则仅为1/10左右。

中国已具备了国债发展与开放的基本条件。归纳起来有以下几点：

第一，中国作为世界第二大经济体，是推动世界经济增长的一个重要引擎。这种态势对于机构投资者的全球国债投资与资产配置有重要影响。

第二，全球新冠肺炎疫情以来，与欧美日超常规的货币政策和财政刺激计划相比，中国的宏观经济政策相对较稳健，中国政府广义债务政府杠杆率低于发达经济体平均水平。

第三，中国经济基本面和宏观管理比较稳健，有抵御国债开放后可能发生的外部投机对冲套利的基本保证。与受到1997—1998年亚洲金融风暴冲击的一些国家不同，中国税收体系健全，财政政策稳健；央行货币政策务实，实行可管理的浮动汇率与资本项下外汇管制；外汇储备充足，贸易顺差世界首位；企业和地方负债主要源于国内银行，外部资金制约较小；国债市场开放吸引的外国投资方为长期资金。

第四，2005年我国开放债券市场后，取得了一定成果，外资持有境内债券已初具规模，同时探索出了一套外资进入的具体方法。

第五，金融市场利率与汇率的相对有利态势。美国、英国、德国零售物价指数超过中国5~7个百分点，日本与中国接近。美国长期名义利率为2.9%，英国为2.3%，德国为1.45%，日本为0.23%，中国为2.77%；我国国债实际收益率高于美国、日本、欧盟等主要经济体。实际利差因素及汇率长期稳定对境外机构持有中国国债有利。

第六，国债开始获得国际广泛认可。目前进入银行间债券市场有亚、非、欧、南美央行和主权财富基金及商业类机构近400家。近年来中国国债已陆续纳入三大世界主流债券指数，即彭博巴克莱全球综合指数（BBGA）、摩根大通全球新兴市场多元化指数（GBI-EM）、富时世界国债指数（WGBI）。追踪这三大全球主流债券指数的总资金为5万亿~6万亿美元，主要为被动配置资金的大型基金、养老基金、保险基金，投入后将长期持有，一般不进行主动调整。

同时，中国国债市场还存在若干重大缺陷。第一，国债市场法律制度不健全。目前国债发行与交易规则，以20世纪90年代制订的《国库券条例》和为其他文件规定为主，法律效力层级较低，缺乏全面性、规范性和稳定性；而现行《中华人民共和国预算法》《中华人民共和国证券法》均难以对此有效管理。第二，政府债务责任沉重，大量地方政府表外贷款，没有记录在案，透明度很低，地方隐性债务的真实情形模糊不清。中央对地方政府债务有兜底及清偿的责任。中央对政策性金融债、铁道债等准国债也承担清偿责任。第三，市场与监管体系分割。国债市场结构按行政归属相互分割，实行分市场、分券种多头监管。各不同市场受到相关管理制度约束及交易规则的限定，不同种类国债品种在各市场间不能自由流通。第四，金融市场的规则制度和基础结构与国际市场存在较大差异，严重阻碍和影响包括承销商、做市商、投资者、评级机构等境外市场主体参与我国国债市场的积极性。第五，一级市场的品种结构简单，难以满足多元化的投资需求。二级市场交易冷淡，市场单薄，流动性差。国债衍生产品稀少，国债期货市场狭小，参与方数量稀少。未成为可以吸引多种类型投资者的深度市场。

截至目前，国外机构投资者持有中国的国债规模大概在 2 万亿元以上（4000 多亿美元），占国债的比重接近 10%。未来国债发展与开放的前景将会怎样？我们以 2019 年新冠肺炎疫情发生前正常年份为基准，预测未来 10 年中国国债发展与开放的情况。预测基于假设 GDP 增长率的 3 种场景：4%、5%、6%，与之对应财政支出则按 5%、6%、7% 增长。

根据预测，2025 年国债余额将从目前 23 万亿元达到 31 万亿元左右。国债与 GDP 之比在 24% 以下，赤字率在 6% 左右；境外机构投资者持有中国国债从现在 2 万亿元上升到 4 万亿元左右，占国债总额的比重为 10%~14%。2030 年国债余额总量预测在 50 万亿元左右，负债率和 GDP 之比不超过 30%，赤字率 7% 左右，境外投资总额 7 万亿 ~13 万亿元（1 万亿 ~2 万亿美元）。境外机构投资者持有国债总量的 15%~20%。此外，综合考虑国际收支平衡状况，如果外汇储备与 M2 之比保持 10%，经常项目略微盈余，如果外汇储备维持在 3 万亿美元水平，每年需要对外新发 300 亿 ~600 亿美元的外币国债。如果外汇储备与 M2 之比上升到 11%，经常项目基本平衡，每年需向境外发 700 亿 ~1000 亿美元国债。如果外汇储备与 M2 之比继续上升，经常项目出现赤字，需要向外增发新国债超过 1000 亿美元。将外汇储备目标考虑在内，未来10年通过国债发展开放获取的外汇累计增加为7000亿~1.2万亿美元。

最后，有3点建议。第一，完善国债立法、法治和问责制度。对国债与预算、审批与使用、绩效与问责等重要方面做出规定；国债额度审批经过立法程序批准、加强听证制度，硬化国债监督机制，加大透明度。第二，加强国债市场本身建设。扩大一级发行市场国债产品与种类；完善国债市场交易体系；积极稳妥发展国债期货市场。第三，改革宏观治理。构建多部门协调机制，统筹管理国债发展与开放的重大方面；各监管机构强调合作，避免监管真空，防范监管套利，逐步形成集中统一、层级分明的监管体系；央行探索在资本项目管制下，本币境内外流动与循环的良好机制与体系。

金融开放与金融监管的思考

康勇

毕马威中国首席经济学家

我结合自己的想法，简单谈谈几点思考。

第一点，可以看出，各个危机的产生，包括亚洲金融危机，本身和其国内经济发展有紧密联系，和国内的消费、投资的发展是不是均衡、是不是可持续有很大关系。问题的根本还是来自内部的应对方式，经济发展模式是否可持续。

第二点，因为国际资本的高流动性，所以危机很容易扩散。从国际上来看，建立一个协调的国际金融体系非常重要，加强国际监管合作也非常关键。

我提两点未来的想法，或者说两点感受。

第一点，一个国家金融系统的开放一定要和其经济发展相匹配，这是毫无疑问的。同时，从开放的角度来说，这个大趋势也是必然的。从我们国家来说，2018 年以后我们金融系统对外开放的步伐在不断加快，包括过去几年港股通、债券通，最近的 ETF 通等，还有刚才提到的国债是不是可以成为促进香港金融市场发展的新工具，也都是非常有建设性的意见。所以大的开放性趋势是肯定的。

第二点，我觉得目前来看全球化的趋势最近有一些放慢，但同时区域经济的一体化也在加强。2022 年上半年，中国公司在美国上市的只有 4 家，融资额只有 1 亿美元左右。2021 年同期有 36 家公司在美国上市，融资额超过了 142 亿美元[①]，即 2022 年上半年的融资额跟 2021 年相比只有一个零头。另外，我们也看到中国跟亚太国家的联系不断加强，比如说从 2020 年开始，东盟就成了中国最大的贸易伙伴，之前日本、美国、欧盟这些国家（地区）都曾经先后是中国最大的贸易伙伴。2020 年以后，东盟占中国贸易的比重从 1997 年的 7%，达到了现在的超过 15%[②]，所以中国跟东盟国家，包括跟亚洲国家的联系是不断加强的。我觉得这个趋势未来还将进一步增强。

因此，虽然现在全球化可能出现放慢或者受阻现象，但是区域经济一体化加强的趋势也非常值得关注。我们最近和一些中国的企业交流的时候，也感觉到中国的很多企业家，他们对自身的企业、自身的行业在国际竞争力上还是非常有信心的，其中既有传统行业，例如服装、钢铁，也有一些高科技企业，比如高端制造企业、医药企业。这些企业家对中国在东南亚投资还是非常积极的，所以我觉得这也是非常重要的一个趋势。

下面再谈一点想法。这个不一定和金融体系完全相关，但是我觉得也是个有意思的话题。我们讨论的国际金融监管核心是对资本的监管，之所以要加强国际监管合作，原因就是资本具有很大的流动性。我们现在看到的全球经济面对的一些问题，例如贫富差距加大，地缘政治快速变化等，其实都跟资本可以跨越国界很快地自由流动是相关的。这也是我们今天开会讨论亚洲金融危机对未来金融监管启示的意义。但是我想除了资本之外，还有另外两个要素也有非常大的国际流动性，一个是数据，另一个是碳排放。所以在未来的金融监管当中，我们也需要关注对数据的监管，以及对绿色发展的监管。比如说我们

① 数据来源：Wind。
② 数据数源：中国海关总署。

看到像央行、财政部等积极和欧盟等相关部门合作，建立可持续金融国际平台（IPSF）等，这些都是很好的尝试。最近欧盟也通过了碳边境调节机制（CBAM）草案的修正方案，未来要加征碳关税，这些也都会对未来国际贸易产生深远的影响。

因此，在讨论未来金融监管体系的同时，可能也需要根据时代的发展，把数据、碳排放融合到大的金融监管体系当中。